Das *Wunder*
der *Selbstliebe*

Bärbel Mohr war Fotoreporterin, Fotoredakteurin und Grafikerin, bevor sie sich 1995 als Hobby das Schreiben zulegte. Ihr erstes Buch „Bestellungen beim Universum" wurde zunächst nur in kopierter Form verkauft, bis der Omega-Verlag ein richtiges Buch daraus machte. Es folgten weitere „Wunsch"-Bücher, Kinderbücher, Beziehungsratgeber und Bücher zum Thema „Heilung". Bärbel Mohr hat drei Filme gedreht, darunter „Bärbel Mohr's Cosmic Ordering" und „Zweisam statt einsam". Inzwischen wurden weit über 2 Million Bücher von ihr verkauft.

Seit 1995 gab sie Seminare und hielt Vorträge. 2001 wurden ihre Zwillinge geboren. Bärbel Mohr starb Ende Oktober 2010, kurz nach der Fertigstellung dieses Buches. Ihr Mann Manfred führt ihr Werk weiter.

Manfred Mohr ist promovierter Chemiker. Er arbeitet heute als Autor, Seminarleiter und Coach auf den Gebieten der Astrologie, der Numerologie sowie zu den Themen Wunscherfüllung, „fühlendes Herz" und Achtsamkeit. Viele Seminare hielt er zusammen mit seiner Frau Bärbel. Er und die Zwillinge leben in der Nähe von München.

Bärbel Mohr
Manfred Mohr

Das Wunder der Selbstliebe

Der *geheime Schlüssel* zum
Öffnen aller Türen

Inhalt

Vorwort 6

Aller Anfang ist nicht schwer 10

Ist Selbstliebe überhaupt okay? 12
No-Aging und der Untergang der Selbstliebe 16
Bessere Beziehungen dank Selbstliebe 23
Das habe ich gut gemacht! 29
Hinderliche Glaubenssätze einfach umdrehen 34
Die Stärke hinter der Schwäche 39
„Nein" sagen um der Liebe willen 45
Der Selbstliebe-Test 49

Selbstliebe für Fortgeschrittene 58

Meckern oder wertschätzen? 60
Die Liebe in jedem Menschen sehen 63
Denkmuster verändern 67
Selbstliebe mag Langsamkeit, Partnerschaft auch 75

Wie gehst du mit dir selbst um? 80
Wie sprichst du mit dir selbst? 87
Langsame Wunscherfüllung 95
Körper, Geist und Seele lieben 104

Auf dem Weg zum Selbstliebe-Profi 110

Vergeben wird leichter 112
Der Klang der Selbstliebe 118
Stabil in deiner eigenen Energie 125
Kannst du gut allein sein? 133
Unverzichtbar: Frieden mit den Eltern 137
Die Kraftquelle in dir 140
Sende Liebe zum göttlichen Kern in dir! 144
Nächstenliebe dank Selbstliebe 151

Nachruf 156
Bücher, Links und mehr 158
Impressum 160

Vorwort

Wie schon öfter, so ist auch dieses Buch entstanden, weil genau dieses Thema gerade bei mir selbst anstand. Ich weiß, der eine oder andere ist geneigt zu denken: „Was, die? Die muss sich doch selber lieben bis zum Abwinken ..." Schön wär's! Zwar befasse ich mich nicht zum ersten Mal mit dem Thema „Selbstliebe", aber es ist immer wieder erstaunlich, wie gut man doch alte Muster tief im Innern vor sich selbst verstecken kann, ohne es zu merken.

Nur ein Beispiel – und es ist mir egal, wenn mich deshalb einer auslacht, so viel Selbstliebe habe ich allemal, dass ich das aushalte: Ich tendiere dazu, mit einer gewissen arglosen, manchmal auch leicht naiven Gelassenheit durchs Leben zu spazieren und davon auszugehen, dass alle mir nur Gutes wollen. Dem ist gelegentlich aber nicht ganz so. Immer wieder gelingt es Menschen, mich um den Finger zu wickeln oder mich zu etwas zu überreden, das zwar für sie gut ist, aber nicht für mich. Oft wird es mir nämlich einfach zu viel, was so alles an mich herangetragen wird. Das merke ich häufig erst mal nicht und sage brav ja und amen, um es zwei Tage später zu bereuen.

Früher dachte ich in solchen Fällen immer, nach einer Zusage nicht mehr zurückzukönnen. Und außerdem habe ich mich selbst niedergemacht, weil ich so dämlich bin. Also habe ich versucht mir anzutrainieren, mehr auf der Hut zu sein, damit mir das nicht mehr passiert. Das klappte aber gar nicht, und dann habe ich mir eingeredet, dass ich dazu einfach nicht fähig bin, so dass mir immer wieder dasselbe passierte. Erst nach meinem vertiefenden Selbstliebe-Training haben sich an diesem Problem drei Dinge geändert:

Zum einen habe ich festgestellt, ich will gar nicht so durchs Leben gehen, dass ich ständig auf der Hut bin. Ich mag so bleiben, wie ich bin, und genau das tue ich auch.

Ich erlaube mir zweitens, nach einer Zusage wieder abzusagen, egal wie lange ich brauche, bis ich merke, dass etwas für mich nicht stimmt an der Sache. Der andere hat es bei mir probiert, und es sah so aus, als hätte er damit Erfolg. Pech gehabt! Ich steige aus, wann immer es sich richtig anfühlt. Und wenn der andere sich ärgert, ist das sein Problem.

Und zum Dritten spreche ich liebevoller mit mir selbst. Ich sage nicht mehr zu mir, dass ich dämlich oder unfähig wäre. Ich darf so sein – und liebe mich trotzdem.

Da uns das Thema Selbstliebe ja im Leben ständig begegnet, haben Manfred und ich für dieses Buch extra viele Übungen zusammengestellt. Du musst nicht alle machen, und du machst auch nichts falsch, wenn du eine auslässt. Im Gegenteil: Die erste Übung zur Selbstliebe ist die, dass du spürst, welche Übung dein Herz berührt und erfreut. Fang genau mit dieser Übung an. Mach so viele, wie du willst, aber nicht mehr. Es kann sein, dass eine einzige Übung reicht, um alles zu ändern, wenn du sie mit Inbrunst und wirklich von Herzen ausführst. Finde die Übungen, die zu dir passen. Schließlich ist nicht jede Übung für jeden der Hit.

Ob eine Übung dir viel oder wenig oder gar nichts bringt, hängt außerdem nicht nur davon ab, ob du die richtige Übung für dich gefunden hast. Jede kann die richtige sein, wenn du sie mit Liebe und Freude machst.

Eine gelangweilt heruntergeleierte Übung bringt gar nichts. Eine mit Liebe, Freude oder Achtsamkeit durchgeführte Übung kann alles auf einen Schlag ändern.

Manche machen sich sogar noch mit dem Erlernen der Selbstliebe Stress: „Oje, ich hab nur Freude gefühlt bei der Übung. Bestimmt wirkt sie jetzt nicht, weil Achtsamkeit und Liebe gefehlt haben." Vergiss es! Nichts hat gefehlt. Erstens genügt eine Qualität von den dreien. Zweitens ist es ganz normal, wenn du am Anfang nicht viel oder gar nichts fühlst. Wenn wir alle schon Selbstliebe-Profis wären, bräuchten wir dieses Buch nicht.

Am Anfang kann ein Kind auch nur sehr holperig laufen. Trotzdem kommt es voran und wird von Tag zu Tag besser. Du kannst deine Selbstliebe-Übungen also getrost holperig machen. Je öfter du übst, desto geschmeidiger werden sie und desto intensiver wirst du spüren, wie sich deine Selbstliebe vermehrt.

Viel Spaß dabei!

Bärbel und Manfred

PS: Von Anfang an haben wir in unseren Büchern und Seminaren das vertraute „Du" gewählt, denn wir glauben, wir befinden uns auf demselben Weg und sind uns deshalb nicht fremd. So werden wir es auch in diesem Buch halten. Wenn im Buch von „ich" die Rede ist, schreibt das Bärbel. Manfred hat die „Ich-Beispiele" vermieden oder „wir" geschrieben.

„*Alle Liebe* dieser Welt ist auf *Eigenliebe* gebaut."

Meister Eckhart

Aller Anfang ist

nicht schwer

Ist Selbstliebe
überhaupt okay?

„Ja, ist es denn überhaupt in Ordnung sich selbst zu lieben? Ist das nicht das Gleiche wie Selbstgefälligkeit und überhaupt Frevel, Selbstüberhöhung, sinnlose Eitelkeit und Egoismus?" Diese Frage hat mir sinngemäß ein indisches Ehepaar in London bei einem Vortrag gestellt. Es gibt darauf eine ganz simple Antwort: Selbstliebe ist schon deshalb wichtig, weil du nur geben kannst, was du schon hast. Wer keine Liebe hat, kann sie auch nicht weitergeben. Also brauchen wir Selbstliebe. Denn wenn alle Menschen Liebe erst dann geben könnten, wenn vorher jemand anderes ihnen Liebe gegeben hat, dann wäre die Liebe längst komplett verloren gegangen, weil jeder nur auf den anderen warten würde. Liebe funktioniert nur, wenn jeder – ganz unabhängig vom Außen – die Quelle dazu in sich selbst findet. Selbstliebe ist also nicht nur okay, sie ist sogar die Voraussetzung dafür, dass wir andere lieben können, dass wir Nächstenliebe empfinden können.

In diesem Buch teile ich gern meine Sichtweise zur Selbstliebe mit dir, möchte dich aber um eines bitten: Egal was ich sage oder schreibe – prüfe in deinem Herzen, was für dich richtig und stimmig ist. Denn nur so können wir uns wirklich weiterentwickeln: Wenn jeder lernt, in seinem Herzen seine eigene Wahrheit zu finden und zu prüfen – und nicht, indem wir einfach etwas nachplappern, egal wie gut es gerade klingen mag.

Die Fähigkeit des Überprüfens im eigenen Herzen ist bereits etwas, das zur Selbstliebe dazugehört. Denn wer sich selbst nicht liebt oder geringer schätzt als andere, der neigt dazu, die Meinungen anderer für wichtiger zu halten als die eigenen, und traut sich nicht, der Wahrheit des eigenen Herzens zu folgen. Er hört gar nicht oder nicht so genau auf die inneren Impulse, Hinweise und Eingebungen: „Ist doch nicht so wichtig, das ist doch nur mein dummes Unterbewusstsein, meine unwichtigen albernen Einfälle, wer bin ich schon …?" Und er traut sich nicht, „nein" zu sagen, wenn um ihn herum alle „ja, ja" sagen (selbst wenn es nur zu offensichtlich ist, dass nicht ihre Herzen sprechen).

Damit wir aber eigenverantwortlich und in größtmöglicher Wahrheit, Reinheit und Liebe handeln können, ist es nötig, in einem liebevollen, vertrauensvollen Verhältnis zu uns selbst zu stehen. Wir können lernen, die Weisheit des eigenen Herzens – unsere Intuition und unser Bauchgefühl – wieder wahrzunehmen und ihr zu folgen. Deshalb ist es so wichtig, zuerst einmal herauszufinden, was du selbst wirklich magst, was dir wichtig ist und womit du deine Zeit verbringen möchtest.

Übung Mach dir eine Liste mit 30 Dingen, die du gern machst. Das kann alles sein: gute Gespräche führen, spazieren gehen, lesen, Musik hören, tanzen, Freunde treffen, Kuchen backen …

☛ Dann frage dich, wann du diese Dinge zuletzt getan hast. Was hast du vielleicht stattdessen gemacht?

☛ Frage dich außerdem, wie du wirklich gern leben würdest:
Wie viele Web- und wie viele persönliche Kontakte möchtest du pflegen?

- Wie viel Zeit möchtest du überhaupt mit Email, Internet, Handy, TV & Co. verbringen? Wie viel davon bereitet dir wirklich Freude? Was verpasst du in der Zeit, was dir vielleicht wichtiger wäre?

Betrachte anschließend deine Liste: Gibt es etwas, das du jetzt schon in deinem Leben ändern möchtest und kannst, wenn du sie dir ansiehst?

Tipp

Sollte deine Liste mit 30 Dingen, die du gerne machst, so aussehen:

- Shopping
- High Society-Partys
- Saufen
- Shopping
- Shopping
- Shopping
- Helikopter-Skifahren
- Kreuzschifffahrten
- Weltreisen
- ...

dann hätte ich einen Spezialtipp: Probier es mal mit einem 30-tägigen Survival-Training in der Wüste. Möglicherweise erwachen danach völlig neue Interessen in dir.

Wir hatten vor drei Jahren einen Au-pair-Jungen, den seine Eltern zur Strafe für schlechte Schulnoten drei Wochen lang in eine Art Survival-Camp im Wald geschickt haben. Es gab nur das zu essen, was man selbst im Wald fand. Das Leben dort war ohne jeden Komfort und Luxus. Erst war er einfach nur entsetzt. Aber nach kurzer Zeit erwachten die Liebe zur Natur, die Liebe zum Schlichten und die Freude an der Gemeinschaft in ihm. Als er heimkam, erwarteten ihn seine Eltern mit einem schlechten Gewissen wegen ihrer vielleicht doch etwas harten Strafe. Doch sie waren bass erstaunt, dass ihr Sprössling hell begeistert war und sich gleich fürs nächste Camp wieder anmelden wollte. Er hatte sich in diesen drei Wochen um 180 Grad gedreht.

Das Wunder der Selbstliebe

Das Wunder der Selbstliebe setzt bereits hier ein: Häufig haben wir uns mit unserem Lebensstil einfach nur an die Gepflogenheiten unseres Umfeldes angepasst. Wir stellen uns gar nicht die Frage: Was will ich eigentlich? Allein sich darüber bewusst zu werden, kann schon wahre Wunder wirken. Plötzlich weißt du, was du tun musst, um dich wieder zufriedener und erfüllter zu fühlen. In der Regel ist es nämlich so, dass die meisten Punkte aus der Liste ganz einfache Dinge sind und kaum oder gar kein Geld kosten. Es fühlt sich wundervoll an, einfach wieder mehr davon zu tun.

No-Aging und der Untergang der Selbstliebe

*E*in wichtiger Aspekt der Selbstliebe zeigt sich darin, wie wir mit unserem Äußeren umgehen. Ganz im Trend liegen die Model-Shows im TV, nach deren Anschauen sich so manche Zuschauerin noch älter und hässlicher fühlt als zuvor. Werden diese Shows möglicherweise vom Verband der Schönheitschirurgen gesponsert? Laut der Zeitschrift „Focus" müsse man sich jedenfalls in Zukunft darauf einrichten, im sozialen Aus zu landen, wenn man beim Falten-Wegspritzen, bei Schönheits-OPs und Ähnlichem nicht mitmache. Anti-Aging sei out, No-Aging und Down-Aging dagegen der neue Trend, um sozial akzeptiert zu werden. Brrrr, mir wird schon kalt, wenn ich das nur so knapp wie möglich zusammenfasse. Und ich kann euch sagen, was ich zu tun gedenke: Ich färb mir jetzt die Haare grau – jawohl, jetzt erst recht (halb grau sind sie schon). Und ich gründe einen neuen Verein: „Alt und hässlich? Komm zu uns! Ab 35 Jahren kostenlose Mitgliedschaft mit Grufti-Status."

Würde ein Mensch, der sich selbst liebt, Schönheitsoperationen vornehmen lassen? Mit Sicherheit zumindest deutlich seltener als ein von Selbstzweifeln und Selbstverurteilungen geplagter Mensch. Ich selbst möchte mich derzeit nicht für meine Schönheit unters Messer legen, unter anderem, weil ich zu eitel dafür bin, jawohl, zu eitel. So hässlich wie man nach multiplen Schönheits-OPs aus der Nähe aussieht, möchte ich einfach nicht aussehen. Auch nicht, wenn man dafür auf stark überbelichteten Fotos aus weiter Ferne ganz toll aussieht.

Vor über 20 Jahren war ich kurze Zeit als Fotoassistentin im Showbusiness tätig und lernte eine der Schwestern von Michael Jackson bei einem Fotoshooting kennen. Zu der Zeit war sie ja noch jung. Aber schon damals überkam einen der Ekel, wenn man näher als fünf Meter an sie rankam. Trotz zentimeterdicker Schminke sah man die Narben im Gesicht an vielen Stellen durchscheinen. Ich würde Alpträume von Dr. Frankenstein & Co. bekommen, wenn ich mich so im Spiegel ansehen müsste.

Eitelkeit ist also der eine Grund, warum ich mir das lieber erspare. Die Narben werden ja im Alter noch deutlicher, und manche ziehen zwangsläufig weitere OPs nach sich. Aber egal, sparen wir uns die Details. Der andere Grund ist die Angst, nicht mehr erkannt zu werden – in meinem Wesen nicht mehr erkannt zu werden, meine ich. Ich glaube an die gezielte Formgebung der Natur, an Physiognomie als Ausdruck der Seele und daran, dass sich Persönlichkeit und Charakter in den Gesichtszügen widerspiegeln. Wenn ich Menschen finden und anziehen möchte, die zu mir passen, so wie ich wirklich bin, dann muss ich auch aussehen wie ich.

Eichhörnchen oder Schwan?

Bildlich ausgedrückt: Wenn ein Eichhörnchen sich umoperieren lässt in einen Schwan, weil das gerade „in" ist, dann zieht es damit zum einen echte Schwäne auf der Suche nach Artgenossen an und zum anderen Wesen, die gern mit einem Schwan in Kontakt sein möchten. Sämtliche Eichhörnchen dagegen werden sich von ihm abwenden. Ich als Eichhörnchen kann mich so richtig wohl und vertraut aber nur mit anderen Eichhörnchen fühlen. Also wäre ich doch blöd, mich als Schwan zu verkleiden oder umoperieren zu lassen. Außerdem kann ich als Eichhörnchen ja durchaus mit Schwänen befreundet sein, allerdings nicht, indem ich mir per OP den Hals länger ziehen lasse. Das geht ganz anders: Schwäne fühlen sich, wie alle anderen superschönen, normalen und hässlichen Wesen auch, von Eichhörnchen angezogen, die Selbstliebe, Herzlichkeit und ein fröhliches Selbstverständnis ausstrahlen.

Wer will schon Perfektion?

Zurück zu uns Menschen: Den Typus „Vom Mensch zum Zombie durch zu viele Schönheits-OPs und Botox" kennt mittlerweile fast jeder – zumindest von Fotos. Diese Exemplare sehen so unnatürlich und schaurig aus, dass man unwillkürlich zusammenzuckt, wenn man einem von ihnen ins Gesicht sieht. Statt von mehr Menschen akzeptiert und bewundert zu werden, schrecken sie die anderen höchstens ab. Dabei kann man mit den heutigen Möglichkeiten der Fotobearbeitung auch ganz ohne OP so schummeln, dass man auf den Fotos toll aussieht und keine Narbe mehr im Gesicht zu sehen ist. Mein Stiefvater fragt bei meinen Pressefotos immer, welches 15 Jahre jüngere Mädel mich da gedoubelt hätte. Auf meiner Homepage (siehe Seite 159) gibt es unter „Lebenslauf" eine

„Fotogalerie". Ich fand es zu verlogen, nur Pressefotos zu verwenden und habe ein paar realistischere Fotos dazugestellt. Und ich habe selbst den größten Spaß daran, die realistischen (manchmal vielleicht etwas zu realistischen) Fotos anzusehen. Das ist viel unterhaltsamer, als nur die sterilen Pressefotos. Außerdem schafft Perfektion Aggression, denn Perfektion löst bei vielen Menschen das Gefühl aus, nicht mithalten zu können, viele Fehler zu haben und deshalb weniger wert zu sein. Der scheinbar Perfekte strahlt aus: „Schau, wie gut ich bin und wie schlecht du!" Das stößt andere ab und macht sie aggressiv. Dabei sind es doch gerade die kleinen Fehler und menschlichen Schwächen, die uns liebenswert machen. Das Schiefe und Schräge ist doch meist viel lustiger und lebendiger.

Doch möchte ich auch betonen: Ich verurteile niemanden, der sich für Schönheits-OPs entscheidet. Es kommt auf die Situation und auf das Ausmaß an. Außerdem können alle Menschen, ob geliftet oder nicht, ihre Selbstzweifel in Selbstvertrauen verwandeln. Und wenn aus einem geglätteten Gesicht Liebe, Wärme und eine bedingungslose Selbstliebe strahlen, übersieht man schnell alles andere. Die folgende Übung hat schon Vielen dabei geholfen, sich selbst mehr und mehr zu akzeptieren und zu lieben.

Übung Das erste Mal habe ich diese Übung (in etwas anderer Form) in einem Buch Ende des letzten Jahrtausends vorgeschlagen. Ich hatte sie von einem amerikanischen Therapeuten. Inzwischen kennen sie sehr viele Menschen aus unterschiedlichen Quellen. Die Selbstliebe-Spiegel-Übung ist ein echter Klassiker, wenn es um Selbstliebe oder Probleme mit dem eigenen Aussehen geht.

Stell dich unbekleidet vor einen Ganzkörper- oder möglichst großen Spiegel und liebe dich so wie du bist. Zugegeben, das ist leichter gesagt als getan. Deshalb kannst du auch ganz klein anfangen und dich langsam vorarbeiten. Finde irgendein Körperteil, das du magst, irgendeines!

Ein typischer Übungsverlauf könnte am Anfang etwa so aussehen:

- 1. Tag: „Na du hässliche Kröte, dich soll ich lieben, wie soll ich das bloß anstellen ...?"

- 2. Tag: „Ich mag meine strammen Waden. Die würden auch dem Anton aus Tirol gefallen. Okay, ihr krötigen Waden, ich werfe euch einen Handkuss zu."

- 3. Tag: „Meine Ohren sind eigentlich auch nicht so schlecht, immerhin stehen sie nicht ab ..."

- 4. Tag: „Der dritte Backenzahn links hinten sieht noch ganz gut aus: Junge, hörst du mich, ich liebe dich, Bussi, Bussi."

- 5. Tag: „Wow, jetzt mag ich schon drei Sachen an mir: Waden, Ohren und einen Zahn. Wenn ich genau hingucke, sind eigentlich auch meine Arme ganz normal. Da gibt es hässlichere. Liebe Arme, ich liebe euch."

- 6. Tag: „Mein großer Zeh sieht cool aus! He Kumpel, ich mag dich."

- 7. Tag: „Hmmm, ich glaube, der Bauch fühlt sich vernachlässigt. Ich spür es genau, er ist beleidigt. Also schön: Lieber Wabbelbauch, ich liebe dich auch – ein bisschen. Du sollst ja nicht traurig sein ..."

Und so machst du einfach immer weiter. Du wirst sehen, dein Körper liebt es. Steigere dich Stück für Stück. Eines schönen Tages gelingt es dir auch, dich bei jedem Körperteil dafür zu bedanken, dass es dir die Erfahrung eines menschlichen Lebens ermöglicht. Liebe jeden Teil deines Körpers so, wie er ist. So wie vermeintlich hässliche Menschen genauso viel

Liebe brauchen wie alle anderen, brauchen auch vermeintlich hässliche Körperteile genauso viel Liebe wie alle anderen.

Egal ob du mit einem Körperteil oder dem ganzen Körper übst: Diese Übung stärkt dein Immunsystem, deine Intuition und deine Selbstliebe gleichzeitig. Nimm dir Zeit, um genau hinzusehen und jedem Körperteil warmherzige Liebe aus deinem Herzen zu senden.

Diese Übung kann man nicht oft genug machen. Du kannst dich auch jeden Morgen vor dem Zähneputzen als erstes mit Liebe begrüßen, wenn du schon ein bisschen Übung darin hast, dich selbst zu mögen. Schau dir danach tief in die Augen und halte Ausschau nach deiner inneren Schönheit. Je öfter du sie suchst, desto freudiger wird sie auftauchen aus der Tiefe deiner Seele.

Das Wunder der Selbstliebe

Was immer du tust, liebe dich dafür, liebe deine Individualität und deinen eigenen Stil. Auch wenn du schon 20 Schönheits-OPs hinter dir haben solltest: Es ist nie zu spät, innere Schönheit hinzuzufügen!

Und für den Rest von uns ist ganz klar: Innere Schönheit und die Selbstliebe zu stärken ist erstens billiger als eine OP und zweitens erhöht es die Anziehungskraft auf andere nette, herzliche Menschen auf wundersame Weise viel mehr, als es eine OP es je könnte!

„Ein Schritt zu *deinem eig'nen Herzen* ist ein Schritt zu dem *Geliebten*."

Rumi

Bessere Beziehungen
dank Selbstliebe

Selbstliebe ist die Basis eines glücklichen Lebens – und zwar keineswegs nur des inneren Glücks wegen. Auch das äußere Glück hängt stark von ihr ab. Lange galten Betrachtungen über die Ausstrahlung eines Menschen als esoterischer Firlefanz. Dann kamen Gehirnforscher wie Joachim Bauer und entdeckten die Spiegelneuronen (siehe Seite 159). Sie wiesen zum Beispiel nach, dass wir fühlen können, was unser Gegenüber fühlt. Ist in mir beispielsweise das Zentrum für emotionalen Schmerz aktiviert, setzen es die Spiegelneuronen auch in jedem Menschen in Gang, der mit mir zu tun hat. Etwas im anderen fühlt, wie es mir geht, und auch, ob ich mich selbst liebe oder nicht. Und dann ist es egal, ob ich neue Freunde suche, einen neuen Partner, einen neuen Job oder einen guten Eindruck bei einem potentiellen neuen Vermieter machen möchte. Je mehr Selbstliebe ich ausstrahle, desto besser sind meine Karten. Wer sich selbst liebt, strahlt viel deutlicher aus, wer er wirklich ist. Er wirkt authentischer und zieht die Menschen an, die wirklich zu ihm passen. Kann schon sein, dass es dann ein paar wegbeamt, die emotional von einem ganz anderen Stern kommen. Aber das ist auf lange Sicht gesehen auch eher ein Glück als ein Unglück.

Stell dir vor, du suchst deine Traumwohnung: schön, hell, ruhig, mit Garten, bezahlbar. Du findest sie, aber mit dir sind 100 andere Leute beim

Besichtigungstermin. Jeder will die Wohnung haben. Und nun? Der Vermieter ist unsicher. Wen soll er bloß nehmen bei so viel Auswahl? Er begrüßt jeden per Handschlag. Und die meisten Interessenten haben vermutlich eine Ausstrahlung von: „Na ja, wäre ja zu schön, aber ich sehe schon, die Chancen stehen schlecht …" Nun kommst du daher (nachdem du dieses Buch durchgearbeitet hast) und strahlst etwas anderes aus: „Wunderschöne Wohnung, genau so hatte ich mir das vorgestellt. Und weil ich mich liebe, vertraue ich darauf, dass das Leben mich auch liebt. Wenn es diese Wohnung nicht ist, dann finde ich bestimmt woanders eine ähnlich schöne oder sogar bessere. Ich bin sicher, das Leben meint es gut mit mir …" (Das ist die typische Einstellung von Leuten mit einer gesunden Selbstliebe.) Du bist fröhlich und für alles offen. Der Vermieter gibt dir die Hand und atmet unwillkürlich auf. Endlich mal jemand mit einer entspannten Ausstrahlung. Und schwupp, schon hast du die Wohnung. Es sei denn, es wäre noch ein anderer dabei, der in stärkerer Resonanz zum Vermieter steht, der sich irgendwie noch besser oder vielleicht vertrauter für ihn anfühlt. Aber das kann nur bedeuten, dass auf dich eine Wohnung wartet, bei der du noch willkommener bist in der Nachbarschaft und wo auch alles andere noch besser passt.

Die Ausstrahlung zählt

Vermieter und Chefs wählen – meist ohne es bewusst wahrzunehmen – nach dem Gefühl und dem ersten Eindruck aus: Wer fühlt sich so an, wie ich mir das vorstelle? Von wem fühle ich mich angezogen? Und:

Bessere Beziehungen dank Selbstliebe

Was strahlt die Person aus? Dieser letzte Punkt spielt eine entscheidende Rolle, und du kannst ihn beeinflussen. Wenn du dich entspannt mit dir selbst fühlst, fühlen sich andere ebenfalls entspannt mit dir. Liebe dich selbst, und es fällt den anderen leichter, dich zu lieben.

Wenn du häufig auf Bewerbungsgespräche eingeladen, aber nie genommen wirst, könntest du eine kleine Pause beim Bewerben machen und zuerst an deiner Selbstliebe arbeiten. Mach die Probe aufs Exempel: Stell dir vor, du selbst wärst der Boss oder die Chefin eines Unternehmens und du führst ein Gespräch mit zwei Bewerbern. Bewerber A bringt die nötigen Qualifikationen mit, strahlt aber Unsicherheit und eine Menge Selbstzweifel aus. Wie fühlst du dich bei der Vorstellung, ihn anzustellen? Bewerber B bringt ebenfalls die nötigen Qualifikationen mit, strahlt aber Optimismus und eine gesunde Selbstliebe aus. Wie fühlst du dich bei der Vorstellung, diese Person anzustellen? Letztlich entscheidet genau dieses Gefühl, das der andere in uns hervorruft, über Zusage oder Absage.

In Liebesbeziehungen ist es am offensichtlichsten: Wenn ich ausstrahle, nicht liebenswert zu sein, finde ich schwer jemanden, der mich liebt. Wenn ich ausstrahle, superliebenswert zu sein, werden sich viele Menschen angezogen fühlen. Du kannst also die Zeit des Singleseins ganz wunderbar dafür nutzen, deine Selbstliebe zu verbessern. Denn du kannst nur jemanden für eine herzliche Liebesbeziehung finden, wenn du wirklich in Kontakt mit deinem Herzen bist, wenn du dein Herz zuerst für dich selbst und dann für andere öffnest. Zudem läuft jede Beziehung besser, wenn beide Teile sich selbst lieben. Wer sich selbst liebt, der übernimmt eher die Verantwortung für sich selbst und schiebt nicht so Vieles dem Partner in die Schuhe, wofür der eigentlich gar nichts kann. Je weniger

Selbstliebe, desto eher wertet man jeden freien Selbstausdruck des anderen als Angriff.

Mir fällt dazu der folgende Witz ein:

Sie schreibt in ihr Tagebuch: „Liebes Tagebuch, alles ist aus, ich bin total deprimiert, er liebt mich nicht mehr, ich weiß es genau. Seit gestern Abend redet er kein Wort mehr mit mir, sieht durch mich hindurch. Ich weiß, er hat eine andere, alles ist aus, buhuhuuuhu …"

Er schreibt in sein Tagebuch: „Alles ist aus. Der FC hat verloren …"

So läuft es doch häufig: Ein Mensch ohne Selbstliebe ist von vorneherein sicher, dass alle gegen ihn sind. Der Mensch mit Selbstliebe ist sich sicher, dass er liebenswert ist. Dass der Frust des anderen etwas mit ihm zu tun hat, ist daher erst mal weniger wahrscheinlich. Außerdem gibt es ja nichts zu verlieren, wenn man sich selbst liebt. Also fragt man einfach nach: „Schatzi, hast du was? Du siehst so bedrückt aus?"

Ein Mensch mit Selbstliebe fragt das in einem interessierten, offenen, liebevollen Tonfall. Und erhält vermutlich eine normale Antwort.

Ein Mensch ohne Selbstliebe tendiert automatisch dazu, dieselbe Frage mit einem beleidigten, misstrauischen Unterton zu stellen. Und er erhält darauf vom ohnehin deprimierten Anderen eine patzige Antwort. Typisches Ergebnis: „Wusste ich es doch, dass er mich nicht mehr liebt!"

Übung Beobachte dich und deine Umgebung. Wie geht es dir mit Personen, die dir im täglichen Leben begegnen. Wie hoch schätzt du ihre Selbstliebe ein? Wie fühlst du dich mit wem? Nimmst du einen Unterschied wahr zwischen echtem, gelassenem und natürlichem Selbstvertrauen und einer aufgesetzten Arroganz? Wie reagierst du mit deinem Gefühl auf andere? Wie reagieren sie möglicherweise auf dich? Kannst du am Verhalten anderer ablesen, wie viel Selbstvertrauen oder Selbstzweifel du gerade ausstrahlst?

Betrachte die Übung als ein Spiel, bei dem du mehr über dich selbst lernen und dir selbst noch ein Stückchen näher kommen kannst. Denn wahre Liebe – auch die Selbstliebe – braucht Nähe.

➤ Stell dir eine Person vor, die sich selbst liebt und der Schöpfung dankbar für die eigene wundervolle Existenz ist. Diese Person, innerlich erfüllt von Liebe, trifft dich, schaut dir in die Augen und findet dich spontan sympathisch. Ihr lernt euch kennen und du fühlst dich wirklich rundherum geliebt und akzeptiert von ihr. Wie fühlt sich das an? Was kommen dir für innere Bilder zu so einer Freundschaft oder Beziehung? Wie könnte sie verlaufen?

➤ Stell dir nun eine zweite Person vor. Diese liebt sich selbst nicht. Sie setzt gedanklich Selbstliebe mit Eitelkeit gleich und verbietet sich diese. Sie will sich selbst und die eigene Meinung bloß nicht zu wichtig nehmen, denn andere wissen es im Zweifelsfall besser. Dieser Person fehlt es an Liebe, sie braucht dringend welche. Nun trifft sie auf dich. Sie sieht dir in die Augen und Hoffnung glimmt darin auf: „Das könnte doch ein Mensch sein, den ich lieben kann, wenn er mir zuerst die lang ersehnte Liebe gibt, die ich so dringend brauche ..." Ihr lernt euch näher kennen, und diese Person schwört dir ewige Liebe und beteuert, wie sehr sie dich braucht. Wie fühlt sich das an? Was kommen dir für innere Bilder zu einer solchen Freundschaft oder Beziehung? Wie könnte sie verlaufen?

Welche Art von Zuneigung oder Liebe fühlt sich besser an? Welche fühlt sich echter an? Was geschieht in dir, wenn du dir diese beiden Personen vorstellst? Klar, die zweite Person ist dir vermutlich treu ergeben. Sie ist viel zu unsicher, um dich je wieder zu verlassen. Aber fühlst du dich dadurch wirklich geliebt oder vielleicht eher benutzt als Energietankstelle? Darfst du neben einem Menschen mit Liebesdefizit so sein, wie du bist? Oder schreit derjenige panisch auf, sobald du mal ohne ihn etwas für dich tun willst? Musst du zur Verfügung stehen, um die Ängste des anderen zu beruhigen, oder darfst du wirklich deine Wahrheit leben neben dieser Person?

Ich will mit diesen Fragen nur deine Aufmerksamkeit auf diesen Punkt lenken. Denn es gibt keine allgemein gültigen Antworten auf sie – nur eine Unmenge an Kombinationsmöglichkeiten, etwa diese beiden: Wenn sich jemand zu, sagen wir mal, 80 Prozent selbst liebt und dich noch ein bisschen „braucht", um sich nicht wertlos zu fühlen, ist das vielleicht gerade recht, um dir ein Gefühl von Sicherheit zu geben. Wenn jemand dagegen erst bei 10 Prozent Selbstliebe herumdümpelt, macht ihm vielleicht schon ein Mensch mit 50 Prozent Selbstliebe Angst.

Das Wunder der Selbstliebe

Wenn du dich wenig liebst und dich anstrengst, die Zuneigung anderer zu erringen, kannst du viel und lange ringen und erreichst doch wenig. Entwickelst du stattdessen mehr Selbstliebe, geschieht das Wunder: Die anderen kommen von allein auf dich zu und suchen deine Gesellschaft.

Das habe ich
gut gemacht!

Unser Töchterlein hasst Mathematik, obwohl das in meiner Schulzeit immer mein Lieblingsfach war. Neulich kam sie nach Hause und war sehr traurig. In der Schule war das kleine Einmaleins durchgenommen worden, und sie hatte nichts verstanden. Ihr war nicht klar, was dieses „Malnehmen" überhaupt sein soll. Mama kann das erklären, kein Problem: „Wenn du einmal fünf Kuscheltiere im Zoo kaufst, wie viele Kuscheltiere hast du dann? Fünf. Wenn wir dann am nächsten Tag wieder in den Zoo gehen, und du kaufst wieder fünf Kuscheltiere, dann hast du schon zweimal fünf gekauft, wie viele hast du dann?" Ist doch klar, zehn! Unsere Tochter liebt Kuscheltiere. Da verliert sie nie den Überblick. In Kuscheltieren kann sie alles rechnen, in Eiskugeln auch. An vier Tagen hintereinander je sechs Kugeln Eis schlecken, das sind $6 + 6 + 6 + 6$, also 24, das leuchtet ein. Sie hat schließlich auch verstanden, dass Malnehmen eine Art abgekürztes Addieren ist. So weit, so gut. Als ich aber sagte: „Siehst du, du hast es doch verstanden", sträubte sie sich total und sagte: „Nein, ich versteh noch immer gar nichts!" Und bei der nächsten Übung wusste sie es tatsächlich wieder nicht.

Mama Bärbel (MB): „Schau, das hier hast du schon alles gekonnt. Sag mal zu dir selbst: Das hab ich gut gemacht!"

Nein, oh nein, das ging auf keinen Fall.

Das Kind verschwand unter dem Tisch, Kopf unter den Stuhl, die Beine baumelten oben – Kopf in den Sand und weg.

MB: „Warum magst du das denn nicht sagen?"

Kind: „Ich haaaasse Mathe."

MB: „Das verstehe ich. Aber weißt du, dein Bauchgefühl und dein Unterbewusstsein hören immer mit, was du sagst. Wenn du sagst, dass du es nicht kapierst, obwohl du es gerade gut gemacht hast, dann denkt dein Unterbewusstsein, du willst, dass du es gleich wieder vergisst – und dann musst du noch viel öfter Mathe machen, bis du es dir merkst. Wenn du stattdessen ganz oft zu dir selbst sagst, ‚Das habe ich gut gemacht!', dann denkt dein Unterbewusstsein: ‚Oho, wenn das so ist, dann merke ich mir das.' Und dann musst du nur halb so oft Mathe machen."

Kind: „Aber ich hasse Mathe."

MB: „Möchtest du weniger Mathe machen müssen?"

Kind: „Ja!"

MB: „Dann solltest du dich selbst loben, sobald etwas geklappt hat. Dann bist du die Matheaufgaben viel schneller los. Probier es doch mal!"

Kind knöddert, jammert und schimpft, aber schließlich sagt sie – immer noch von unterm Stuhl und kopfüber – verschämt kichernd: „Das habe ich gut gemacht."

Für diesen Tag wollte ich sie in Ruhe lassen mit Mathe. Beim Mittagessen fragte sie: „Mama, glaubst du, ich weiß noch was 5 mal 5 ist?"

„Bestimmt nicht."

„25!" triumphierte sie und ging alle Aufgaben mit Kuscheltieren und Eiskugeln, die wir gemacht hatten, im Kopf noch einmal durch. Sie wusste alle noch. Und diesmal konnte sie schon leichter sagen: „Das habe ich toll

Das habe ich gut gemacht!

gemacht!" Sie war auf einmal so glücklich und erleichtert darüber, das verflixte Malrechnen verstanden zu haben, dass sie sich nach dem Essen hinsetzte und die ganze Einmaleins-Tafel allein aufschrieb und ausrechnete. Plötzlich ging es. „Das hab ich super gemacht!" Das Kind war froh.

Ich habe später darüber nachgedacht, warum sie am Anfang partout nicht sagen wollte „Das habe ich gut gemacht!". Dieser Satz schien sich mit ihrer Abneigung gegen Mathe nicht zu vertragen. Es war, als würde sie ins Lager der Matheliebhaber wechseln, wenn sie sich zugestand, etwas gut gerechnet zu haben. Sie wollte aber kein Mathefan werden wie ihr Bruder oder die Mama oder der Papa. Denn Mathefans machen ja viel Mathe. Sie aber wollte die Aufgaben so schnell wie möglich loswerden.

Dieser Mechanismus kommt auch bei Erwachsenen öfter vor: Wir mögen etwas nicht und denken, wir müssen es ablehnen und dagegen sein, um es schneller loszuwerden. Aber das genaue Gegenteil ist der Fall: Die Ablehnung wirkt wie ein Kleber.

Übung Lobe dich bei allem, was du nicht gern machst oder nicht gut kannst, für jeden kleinen Erfolg. Du wirst sehen, die ungeliebte Aufgabe geht dir immer schneller von der Hand. Und nach und nach ändert sich dadurch auch dein Selbstbild. Statt „Für dies und das bin ich einfach viel zu blöd", denkt dein Unterbewusstsein auf einmal: „Ich schaffe auch dies und das. Ich mache das auf meine eigene Art und finde immer einen Weg. Ich bin eigentlich überhaupt eine tolle Person." Genau das ist der Trick: Wenn du dich selbst für noch so kleine Erfolge lobst, steigt dein Selbstwertgefühl, und du traust dir in allen Lebensbereichen immer mehr zu.

Du kannst den Effekt steigern, indem du dich bei allem lobst, was dir gut gelungen ist und was du gut gemacht hast. Nicht auf eine eitle Weise: „Ätsch, ich bin der Beste", sondern auf eine dankbare Weise: „Ich freue mich über meine Stärken und Fähigkeiten und bin dankbar dafür."

Tipp Manchmal macht es Spaß, sich mit anderen zu vergleichen, und es stachelt zu besseren Leistungen an. Manchmal frustriert der Vergleich mit anderen aber auch nur. Bei Dingen, die du ohnehin tun musst, obwohl sie dir schwer fallen, ist es meist kontraproduktiv, dich mit anderen zu messen. Vergleiche lieber das, was du früher geschafft hast, mit dem, was dir inzwischen gelingt. Sieh deinen eigenen Fortschritt und freue dich daran.

Und wenn du auf einem Gebiet der Beste bist, freue dich an deinen Fähigkeiten und hilf den anderen, nicht in Frust zu verfallen, weil sie weniger gut sind. So wächst in dir eine Gewohnheit heran, auch zu dir selbst liebevoll zu sein, wenn etwas mal nicht gleich klappt.

Das Wunder der Selbstliebe

Eben noch rein gar nichts kapiert – und mit ein bisschen Selbstlob geht es wie geschmiert. Mit Selbstbestärkungen können auch schwierige Dinge wunderbar leicht gehen. Dabei wirst du es häufig nicht so machen, wie die anderen, sondern einen ganz eigenen Weg finden. Ein weiterer Grund, stolz auf dich zu sein. Verleih dir selbst den „Nobelpreis für positive Selbstmotivation".

Hinderliche Glaubenssätze einfach umdrehen

*W*enn wir bei unserer Tochter nicht gut aufpassen, prägt sie sich ein „Mathe verstehe ich nie" und quält sich damit durch die Schuljahre. Dabei braucht es – wie wir gesehen haben – nur so wenig, um bei einem Kind Glaubenssätze wie „Mathe verstehe ich nie" in „Mit ein bisschen Hilfe verstehe auch ich alles" zu ändern.

Solche Prägungen aus der Kindheit sind oft der Grund, warum wir uns als Erwachsene etwas nicht zutrauen oder uns nicht erlauben können, uns selbst voll und ganz so zu lieben, wie wir sind. Dabei kann jeder Mensch etwas besser und etwas weniger gut als die meisten anderen. Wer mal Bücher wie „Rich Dad, Poor Dad: Was die Reichen ihren Kindern über Geld beibringen" von Robert T. Kiyosaki (siehe Seite 159) liest oder einfach nur das Leben beobachtet, weiß, dass gute Schulnoten bei weitem nicht der einzige Weg zum Erfolg sind. Trotzdem bringen so viele junge Menschen schon haufenweise Komplexe aus der Kindheit mit ins Leben. Das ist total unnötig und jammerschade.

Manchmal sind es volkstümliche „Weisheiten" wie „Ohne Fleiß kein Preis", die uns noch von früher im Ohr klingen und uns unbewusst so agieren lassen, dass wir für jeden kleinen Firlefanz kämpfen müssen. „Es wird einem schließlich nichts geschenkt im Leben", denken wir und wundern uns nicht weiter. Dabei ist auch dieser Spruch nur so ein ungünstiger Glaubenssatz aus der Kindheit. Klar passiert nicht viel, wenn man nur in der Hängematte liegt und nichts tut. Aber ob das, was man tut, häufig oder selten Früchte trägt, hängt viel von unbewussten Prägungen ab.

Es gibt aber auch eine wirklich schlaue Weisheit, die sinngemäß besagt: Erfolgreiche Menschen sind nicht deshalb erfolgreicher als andere, weil sie weniger Misserfolge hätten, sondern weil sie es öfter probieren. Zwar ist mein Eindruck vom Leben, dass man mit ein bisschen „universeller Führung" und guter Intuition die Zahl der Misserfolge durchaus signifikant senken kann. Trotzdem besteht der Unterschied zwischen erfolgreichen und erfolglosen Menschen darin, dass die einen an sich selber glauben, egal was passiert, und die anderen schon nach ein paar Flops aufgeben.

Prägungen erkennen

Dahinter stecken ungünstige Glaubenssätze über uns selbst. Also weg damit. Und her mit neuen, förderlichen Prägungen. Das darf auch mal ganz einfach gehen, wie bei Dieter von der „Positive Factory", mit dem ich schon mehrere Male zusammengearbeitet habe. Er ist ein echtes Unikum und ein Energiebündel und arbeitet seit vielen Jahren erfolgreich als Persönlichkeitstrainer. Seine Mutter war mit so viel Energie bei ihrem Kind offenbar überfordert. Wenn er zum Beispiel schon früh morgens pfeifend und singend die Treppe runterkam, war es ihr einfach zu viel: „'s Vögelchen, das morgens singt, frisst abends die Katz'", sagte sie genervt.

Und erschreckt hielt das Vögelchen Dieter den Schnabel. Aber der Vogel wurde größer und wollte wieder singen. Irgendwo auf dem Weg zu sich selbst fiel ihm diese hinderliche Prägung wieder ein. Und dann hat er sich etwas Geniales ausgedacht. Er hat den Satz nur ein klein wenig verändert. Er klingt fast gleich, bedeutet aber das Gegenteil. Das Geniale daran ist, dass das Unterbewusstsein glaubt, es habe sich all die Jahre nur geirrt und die Botschaft völlig missverstanden. Und schwupp – schon stellt es alles um, man kann wieder fröhlich singen, ungehindert an sich selbst glauben und was auch immer.

Wie Dieter den Spruch verändert hat? Er hat dem Satz eine sehr individuelle neue Note gegeben: „'s Vögelchen, das morgens singt – vögelt abends die Katz." Seit diesem veränderten Glaubenssatz singt Dieter morgens mit besonderer Freude.

Wie auch immer du deine negativen Glaubenssätze umkehren willst: Das Wichtigste ist immer, dass du deine Sätze in deinem Stil veränderst, so dass sie sich für dich richtig und gut anfühlen und du Spaß daran hast. Sie müssen niemand anderem gefallen, nur dir.

Übung Mach dir eine Liste mit hinderlichen Glaubenssätzen, die dich geprägt haben. Wenn dir spontan keine einfallen, kannst du ganz einfach damit beginnen, bekannte Weisheiten durchzugehen und in dich hineinzufühlen, ob irgendeine davon dich ebenfalls bremst. Oder du googelst den Begriff „Volksweisheiten" und guckst, bei welchen Vorschlägen du ein ungutes oder ein gutes Gefühl hast. Sobald du einen Satz oder mehrere Sätze gefunden hast, kannst du eine passende Umkehrung suchen. Hier ein paar Beispiele:

Hinderliche Glaubenssätze einfach umdrehen

- „Was Hänschen nicht lernt, lernt Hans nimmermehr." Das könnte doch auch heißen: „Was Hänschen nicht lernt, lernt Hans umso mehr." Oder: „Hans oder Hänschen: Mit Freude lernt jeder gut!"
- „Ohne Fleiß kein Preis." Viel überzeugender klingt doch „Ohne Fleiß viel Preis." Yeah!
- „Es wird einem nichts geschenkt im Leben." Warum nicht so rum: „Schenken und geschenkt bekommen macht Freude – das Leben selbst wurde mir schließlich auch geschenkt!"
- „Erst die Arbeit, dann das Vergnügen." Wie wär's mit: „Meine Arbeit ist das reine Vergnügen." Oder: „Die richtige Arbeit macht auch Spaß."

Mach dir Affirmationskärtchen aus deinen neuen Sätzen und wiederhole sie morgens und abends je dreimal. Wichtig dabei: Fühle den neuen Sinn deines umgedrehten Satzes. Nur Runterleiern ändert nicht viel, versuch es möglichst intensiv zu fühlen. Sieh dich selbst und wie du durchs Leben gehst mit dieser neuen Überzeugung.

Es gibt auch gut gemeinte Weisheiten, die nach hinten losgehen können:

- „Adler fliegen allein, Gänse in Schwärmen." Dem einen tut der Spruch gut, weil er ihn in seinem Einzelgängerdasein bestätigt. Andere glauben vielleicht, ein einsamer Adler sein zu müssen, obwohl sie lieber eine gesellige Gans wären.
- „Geduld ist der Schlüssel zur Freude." Das mag schon stimmen, aber wenn du der Start-up-Typ bist, dann macht so ein Satz vielleicht deine Spontaneität kaputt.
- „Abwechslung stärkt den Appetit." Wenn du gern überall mal naschst, fühlst du dich bestärkt. Bist du dagegen ein Treuetyp, kann dich dieser Satz in deinen Beziehungen behindern.

Nichts gilt für alle. Finde heraus, was dich hindert und was dir gut tut. Ein Satz, der für den einen als Affirmation genau richtig ist, bedeutet für einen anderen die totale Selbstverleugnung. Horch hinein in dich, welche Glaubenssätze in dir schlummern und ob es da hinderliche Sätze gibt.

Vielleicht fallen dir bei dieser Übung auch ganz individuelle Sätze aus deiner Kindheit ein, die du häufig zu hören bekommen hast, etwa:

- „Wenn du so etwas machst, hab ich dich nicht mehr lieb."
- „Faulpelz, Dummkopf, immer tust du dies und das …"
- „Stell dich nicht so in den Vordergrund. Ein Kind sollte sich bescheiden zurückhalten."

Und dann gib diesen Sätzen einen neuen Dreh!

Das Wunder der Selbstliebe

Du musst nicht gleich dein zentrales Lebensthema finden, um positive Veränderungen anzuschubsen. Es reicht, dir selbst und deinem Selbstvertrauen Stück für Stück näher zu kommen.

Manchmal genügt eine intensive Erfahrung mit einem neuen Glaubenssatz, und du wirkst und handelst wie ein neuer Mensch. Plötzlich kannst du etwas, das vorher unmöglich schien, oder eine Angst verschwindet, die dir immer im Weg stand. Wenn du hinderliche Glaubenssätze umdrehst, kannst du dein eigener „Wunderheiler" werden.

Die Stärke
hinter der Schwäche

Zum Geburtstag bekomme ich meist auch eine Reihe von schönen Weisheiten geschickt. So etwas wie: „Nur der Körper altert. Im Geist bleiben wir im Wesentlichen so, wie wir es mit 20 Jahren auch waren. Mit etwas Glück sind wir vielleicht ein bisschen weiser, aber wieso der Körper nicht so jung bleibt wie wir uns fühlen, verstehen wir nie." Sehr wahr. Letztes Mal (zum 46.) hat mir jemand eine besonders schöne Geschichte geschickt – leider ohne Urhebernennung –, die gut hierher passt:

Eine alte Frau ging täglich mit zwei großen Schüsseln zur Wasserstelle. Die beiden Gefäße hatte sie an die Enden einer langen Stange gehängt, die sie über den Schultern trug. Eine der beiden Schüsseln hatte jedoch bis zur Mitte einen Sprung, so dass immer die Hälfte des Wassers auf dem Weg nach Hause auslief. Zwei Jahre lang ging das so, und die kaputte Schüssel schämte sich sehr. Schließlich sagte die Schüssel zu der alten Frau, dass sie sich ganz furchtbar schäme wegen ihres Versagens.

Die alte Frau aber lächelte milde und gütig (wie es sich in einer ordentlichen Weisheits-Geschichte gehört) und sagte: „Liebe Schüssel, ist dir schon einmal aufgefallen, dass auf deiner Seite des Weges Blumen blühen? Da ich mir deines Fehlers bewusst war, habe ich auf dieser Seite Blumen gepflanzt. Du hast sie mit deinen auslaufenden Tropfen täglich gegossen. Seit zwei Jahren kann ich jeden Tag Blumen pflücken und unseren Tisch damit schmücken. Ohne *dich würde diese Schönheit nicht existieren. Du bist einzigartig und schön und wertvoll – genau deshalb, weil du so bist wie du bist." ****

Die Schüssel bedankte sich bei der alten Frau für ihre weisen und liebevollen Worte und streckte der heilen Schüssel die Zunge raus: „Ällabätsch, du langweiliges, perfektes Ding, ich bin die Beste!"

Aber die alte Frau warf ein: „Liebe Schüssel, bitte werde nicht gleich größenwahnsinnig, um deine bisherigen Minderwertigkeitskomplexe zu kompensieren, das steht dir auch nicht gut. Jeder ist schön und wertvoll auf seine Weise. Schließlich bringt die andere Schüssel mehr Wasser heim, was auch sehr wertvoll ist."

Darauf schämte sich die Schüssel erneut: „Du hast Recht, Entschuldigung."

Und die Moral der Geschichte: Du solltest dir nicht allzu viel einbilden auf deine Fehler und Schwächen, nachdem du erkannt hast, dass sie eigentlich gar keine Fehler, sondern wertvolle Eigenschaften sind. Jeder soll aus seinen Eigenarten das Beste machen.

Gut, ich gebe zu, die Originalgeschichte ist ein kleines Stückchen kürzer, und die Moral ist neu.

Übung Lies die Geschichte doch noch einmal bis zu den drei *** und überlege dir, ob auch deine eigenen Fehler und Schwächen Vorteile haben oder schon zu guten Resultaten und Entwicklungen geführt haben, die nie stattgefunden hätten, wenn du makellos und perfekt wärst.

So, und jetzt bitte die Übung machen! Sie ist wirklich wertvoll und öffnet dir die Augen!

Na gut, ich will dir glauben, dass du die Übung gemacht hast. Und ich nenne dir ein weiteres Beispiel, wie gut es sich mit Mängeln leben lässt: Einer meiner Verleger war gerade zu Besuch. Er sagt von sich, dass er keinerlei Sprachgefühl habe. Da fragt man sich, wie man dann Verleger werden kann. Ganz einfach: Er sieht und spürt die Energie in Büchern. Wenn ihn ein Buch berührt und er die Energie mag, verlegt er das Buch. Wenn nicht, dann nicht. Perfektion ist langweilig, wenn sie einen nicht berührt, und wohlklingende Worte allein machen noch kein lesenswertes Buch. So sieht er das. Wäre sein Sprachgefühl ausgeprägt, hätte sich die andere Wahrnehmung vielleicht nie so entwickelt.

Besondere Gaben

Das ist häufig so, dass sich durch das Fehlen einer Fähigkeit oder Eigenschaft eine andere herausbildet, etwas Besonderes, ganz Eigenes, Wunderbares. Denn hinter jeder Schwäche verbirgt sich auf die eine oder andere Weise eine Stärke. Entweder gleicht eine andere Fähigkeit die Schwäche aus, so wie bei der Schüssel oder dem fehlenden Sprachgefühl. Oder aber ein Mensch kann genau das am allerbesten, was er meint, überhaupt nicht zu können – vorausgesetzt, er erlaubt sich, dabei seinen eigenen Stil zu entwickeln. Ich beispielsweise schreibe, seit ich aus der Schule raus bin und zehn Jahre gar nichts geschrieben habe, extrem ungehobelt. Und jegliche Kenntnisse in Rechtschreibung oder Kommasetzung sind mir völlig entfallen. Deshalb hätte ich nie geglaubt, dass aus mir mal eine Autorin werden könnte, noch dazu eine erfolgreiche. Getröstet hat mich, als mir die Chefredakteurin einer großen Frauenzeitschrift einmal einen Interviewtext vorab zugemailt hat, der noch nicht lektoriert war. Ich war begeistert, denn sie machte mindestens genauso viele Fehler wie ich. Seitdem weiß ich, dass ich nicht die Einzige bin, die ohne geschliffenen Stil und mit lückenhaften Rechtschreibkenntnissen vom Schreiben lebt. Es ist ja nicht so, dass ich nicht richtig schreiben will, aber ich kann mir die Regeln einfach nicht merken. Das ist eine meiner Schwächen. Und trotzdem liegt gleichzeitig auch eine Stärke von mir im Schreiben.

Auch vielen erfolgreichen Rednern geht es so, dass sie als junge Menschen unfähig waren, auch nur einen Pieps heraus zu bringen, sobald mehr als drei Menschen zugehört haben. Bei meinem ersten Vortrag waren 14 Zuhörer anwesend, und ich habe vorher vor Aufregung eine ganze Flasche Baldriansaft getrunken. Ich hätte damals auch nie vermutet, dass mir das eines Tages Spaß machen könnte.

Übung   Mach eine Liste deiner Fehler und Schwächen. Ziehe die Möglichkeit in Betracht, dass sich dahinter auch Stärken verbergen können. Was fällt dir dazu ein? Welche Stärke könnte sich noch daraus entwickeln?

Beginne damit, zu jedem Fehler und jeder Schwäche das Gegenteil aufzuschreiben. Vielleicht ist genau das eine verborgene Fähigkeit, die noch in dir schlummert. Indem du sie in Erwägung ziehst, machst du den ersten Schritt, um sie wach zu küssen. Für den zweiten Schritt brauchst du Selbstvertrauen und Selbstliebe, damit du dich traust, eine solche Stärke zu entwickeln. Der Weg dorthin ist immer ein ganz eigener, individueller und keiner, den man einfach bei anderen abgucken kann.

Hier ein paar Beispiele:

- Hinter einem coolen Menschen kann sich ein besonders gefühlvoller verstecken.
- Hinter langsamem Denken, kann sich qualifiziertes Denken verbergen.
- Hinter einer Rhetorikschwäche kann sich eine Kommunikationsstärke von Herz zu Herz verbergen.
- Hinter Ungeduld kann sich Geduld verstecken.
- Hinter der Unfähigkeit Kritik anzunehmen die Fähigkeit, Kritik konstruktiv zu äußern und neue Wege des Umgangs zu entdecken.
- Hinter Aggression kann sich Sanftmut verbergen.
- Hinter Angst kann Vertrauen stecken.

Das Wunder der Selbstliebe

Die Liebe zu sich selbst kann aus einem Kopfmenschen einen Herzensmenschen machen. Die Liebe kann Mut machen, die eigene Wahrnehmung dauerhaft 30 Zentimeter tiefer zu legen, also vom Kopf ins Herz, und aus der Schwäche (fühlt sein Herz nicht) eine Stärke machen (fühlt sein Herz immer/meistens).

Das Wunder der Selbstliebe kann aus einem ängstlichen einen mutigen Menschen machen. Die Selbstliebe kann die Abhängigkeit von der Meinung anderer nehmen – und schon wird der Mensch mutiger. Die Selbstliebe kann einen Menschen mit seiner Intuition und seinen Gefühlen verbinden. Die Selbstliebe ist der wesentliche Faktor, um eine Schwäche in eine Stärke zu verwandeln.

„Nein" sagen
um der Liebe willen

Ich bin vom Sternzeichen Krebs und entspreche dem Klischee, dass Krebse mitunter überzogen harmoniebedürftig sind. Ich habe in der Vergangenheit häufig „ja" gesagt um des lieben Friedens willen. Allerdings verträgt sich das nicht gut mit einer internationalen Karriere (einer quasi überraschend über mich hereingebrochenen), bei der Anfragen aus einer ganzen Reihe von Ländern kommen, von unzähligen Veranstaltern, Privatpersonen, Firmen, Verlagen, an Kooperationen Interessierten und so weiter und so fort. Das ist natürlich alles sehr schön und ein großes Geschenk – und alle dürfen gern weiterhin anfragen. Ich allerdings musste erst lernen, ohne Schuldgefühle „nein" zu sagen.

Schon aus Zeitgründen musste ich eine Zeit lang 90 Prozent aller Anfragen ablehnen (inzwischen geht es zum Glück wieder etwas ruhiger zu). Das hat aber nicht jeder verstanden: „Aha, jetzt wird sie überheblich, hat es wohl nicht mehr nötig ...", „Frechheit, sie lebt doch von ihren Lesern, wie kann sie es wagen, nicht zur Verfügung zu stehen ..." und so weiter. Was tat der harmoniebedürftige Teil in mir? Er wollte den Vorwürfen und Anschuldigungen ausweichen und möglichst viele Leute zufriedenstellen. Also habe ich mehr Termine zugesagt, als ich vertragen habe. Stück für Stück wuchs meine Anspannung, ich habe dem Druck immer weniger standgehalten und immer häufiger etwas gemacht, was nicht wirklich von Herzen kam. Das Ergebnis: Ich war nach einigen Jahren so erschöpft, dass ich ein Mega-Burnout hatte und ein Jahr Pause brauchte (in so einem wunderbaren Job, das ist wirklich schon peinlich).

Und wem hat das jetzt genutzt? Mir bestimmt nicht, meiner Gesundheit auch nicht, meiner Familie ebenfalls nicht – und den Lesern und Seminarteilnehmern auch nicht! Denn erstens herrschte eine längere Zwangspause, und zweitens sind die Energie, die ich weitergebe, und das Energiefeld, das sich während meiner Arbeit aufbaut, natürlich ungleich besser, wenn ich ganz in meiner Kraft, Freude und Liebe stehe – und nicht, wenn ich erschöpft bin.

Das Ja des Opfers

Es gibt aber noch einen weiteren Grund, weshalb ich es aus heutiger Sicht nicht für gut halte, wenn man „ja" sagt, obwohl man „nein" meint und fühlt: Wir alle sind spirituelle, göttliche Wesen (ich gehe davon aus, dass wir da in etwa einer Meinung sind, sonst würdest du vermutlich kein Buch von mir lesen). Und wir spüren uns gegenseitig, auch das, was wir nicht sagen. Ich sage also „ja", weil ich dem Ärger meines Gegenübers bei einem „nein" ausweichen will, oder um dem anderen einen Gefallen zu tun, obwohl es für mich selbst gerade nicht stimmig ist. Was passiert? Auf einer tiefen, seelischen Ebene spürt der andere natürlich, dass es kein freudiges, echtes Ja ist. Und das hat eine Wirkung auf ihn. Unbewusst sende ich damit die Botschaft aus: „Ich kann nicht für mich selbst einstehen, du bist dafür verantwortlich, wie es mir geht und dass ich die richtigen Entscheidungen treffe. Ich selbst schaffe es nicht. Ich habe Angst vor dir, oder stelle dein Wohl über meines."

Das Schlimmste daran ist, dass wir, energetisch gesehen, mit einem unehrlichen Ja den anderen zum Täter und uns selbst zum Opfer machen. Ist das liebevoll? Natürlich nicht! Viel liebevoller ist ein „verständnisvolles Nein". Ein Nein, bei dem ich die Wut oder den Ärger des Anderen aushalte und mir innerlich denke: „Ich verstehe deine Enttäuschung, ich sehe deinen Ärger. Aber ich werde dich nicht zum Täter und mich nicht zum Opfer machen. Auch wenn du dich ärgerst, bleibe ich in der Liebe und stehe zu meiner Wahrheit. Damit geht es mir besser, und du bleibst frei von energetischer Schuld, die ich dir aufbürde, wenn ich dir erlaube, mich zum Opfer zu machen, das sich von dir unter Druck setzen lässt."

Übung Beginne bei harmlosen Gelegenheiten damit, in dich hineinzuspüren und zu fühlen, ob deine Jas oder Neins wirklich von Herzen kommen. Ein Beispiel: Jemand will sich ein Buch von dir leihen. Willst du es wirklich verleihen, dann sag „ja"! Weißt du jetzt schon, dass du es nie zurückbekommen wirst, sondern dir ein Neues kaufen musst? Wenn du das nicht willst, dann sag „nein". Vielleicht denkst du aber auch, dass du das Buch eh nicht noch einmal ansehen wirst, und es deshalb okay wäre, wenn es nicht zurückkäme. Überlege dir deine Antwort und sage nur „ja", wenn du es dem anderen wirklich gönnst.

Oft sagen wir nicht „nein", weil wir Angst haben, den anderen zu verprellen oder zu verletzen. Meistens versteht uns der andere aber, wenn wir unsere Neins liebevoll ausdrücken. Mach dir deshalb eine Liste mit Formulierungen für liebevolle Neins, dann brauchst du nie wieder Angst zu haben vor dem Nein-Sagen. Nehmen wir das Beispiel mit dem Buch von oben, das du nicht verleihen magst. Statt zu sagen: „Nein, du gibst es mir ja eh nicht wieder!" (nicht sehr diplomatisch, klar dass der andere dann beleidigt ist), kannst du sagen: „Ich hänge sehr an diesem Buch, ich möchte es nicht verleihen."

Spiele jetzt noch mindestens fünf bis zehn weitere Beispiele durch und überleg dir freundliche, sanfte Varianten fürs Nein-Sagen.

Das Wunder der Selbstliebe

Unsere Selbstliebe und die Liebe zum Nächsten schützen den anderen davor, Täter zu sein, und lassen uns darauf verzichten, Opfer zu spielen, auch wenn wir dafür Wut, Ärger und Beschuldigungen in Kauf nehmen müssen. In Liebe tragen wir die Verantwortung für uns selbst und bürden sie nicht dem anderen auf.

Das Wunderbare an der Liebe ist, dass sie immer neu ist und dass man nie wissen kann, was sie im nächsten Augenblick entscheidet. Eben dachte ich noch, ich müsste „nein" sagen aus Wahrheit und Liebe heraus. Aber nach ein paar Atemzügen ins Herz kann sich schon wieder eine höhere Wahrheit entfalten und ein ganz anderes Ja kann neu entstehen. Diesmal ist es dann aber ein ehrliches Ja statt einem Angst-Ja. Das ist so viel besser für alle Beteiligten.

Der Selbstliebe-Test

*D*iesen Selbstliebetest haben wir absichtlich nicht an den Anfang gestellt, in der Hoffnung, dass er nach dem ersten Teil mit den vielen Übungen vielleicht schon ein Stückchen positiver ausfällt. Schließlich wollen wir uns ja selbst Mut machen mit diesem Buch.

Dieser Test ist sicher nicht vollständig, er soll dir aber ein Grundgefühl dafür geben, wie es mit deiner Selbstliebe so steht. Suche dir jeweils die Antwort aus, die am ehesten mit deinem Gefühl übereinstimmt.

1) Wie sah deine letzte Woche aus?

a) Es war eine wunderbare Woche, selbst in der S-Bahn setzen sich immer die freundlich Grüßenden und die Lächelnden zu mir. Die Kollegen waren meist nett und hilfsbereit. Es gibt doch eine Menge Licht und Liebe in der Welt!

b) Wie man in den Wald hineinruft, so schallt es heraus. Wenn mir eine Weile lang nur mufflige Gesichter entgegensehen, dann überprüfe ich meine eigene innere Haltung und schon fangen auch die anderen wieder an, netter zu sein. Das gelang mir letzte Woche wenigstens teilweise.

c) Die Leute um mich herum waren alle furchtbar schlecht drauf. Sie waren unhöflich und genervt. In der Arbeit wird wieder nur gemobbt. Und mein Partner ist auch nicht mehr so liebevoll, wie er mal war.

2) Dir begegnet auf einer Party jemand, den du noch nicht kennst. Als derjenige deinen Namen hört, sagt er: „Ah, von dir habe ich schon gehört." Was denkst du in dem Moment?

a) Wie schön, dann hat er ja sicher schon eine Menge positiver Dinge über mich gehört.

b) Egal, wer da was geredet hat, jetzt können wir ja selbst feststellen, ob wir uns mögen oder nicht.

c) Aha, das kann nichts Gutes gewesen sein! Bestimmt hat er schon jetzt eine schlechte Meinung von mir.

3) Kannst du dich allein in ein Cafe setzen und etwas trinken?

a) Was für eine Frage, na klar kann ich das! Das passiert auch ab und zu, wenn ich unterwegs bin. Ich genieße das Flair fremder Städte und liebe es, allein im Cafe zu sitzen und alles zu beobachten.

b) Zur Not geht das mal, aber richtig wohl fühle ich mich dabei nicht.

c) Um Himmels willen nein, ich wüsste überhaupt nicht, was ich dort so allein mit mir anfangen sollte.

4) Angenommen, du hast den Geburtstag eines engen Verwandten vergessen, dem du sonst immer gratuliert hast, was denkst du über dich selbst?

a) Das kann jedem mal passieren, dann gratuliere ich eben mit Verspätung umso herzlicher. Der andere weiß sowieso, dass das mit meiner Liebe zu ihm nichts zu tun hat.

b) Oh weh, mir kommt es so vor, als würde ich in letzter Zeit immer vergesslicher, was ist bloß mit mir los? Ich rufe natürlich an und entschuldige mich und sage, wie geknickt ich bin.

Der Selbstliebe-Test

c) Ich Trottel, wie stehe ich denn jetzt da! Die ganze Verwandtschaft wird wieder über mich herziehen, ich bin eh das schwarze Schaf der Familie.

5) Angenommen, ein enger Verwandter, der dir sonst immer zum Geburtstag gratuliert, hat dir diesmal nicht gratuliert. Was schließt du daraus?

a) Dass er es vergessen hat, kann jedem mal passieren. Wenn ich seine Stimme vermisse, rufe ich am nächsten Tag selbst an und lasse mir nachträglich gratulieren. Ich weiß schon, dass wir gemeinsam darüber lachen werden.

b) Ich verzeihe es ihm, er wird es schon nicht böse gemeint haben. Überhaupt fällt es mir leichter, anderen ihre Fehler zu verzeihen als mir selbst meine eigenen. Wenn ich seinen Geburtstag vergessen hätte, ginge es mir schlechter. Hauptsache, ich selbst habe mich korrekt verhalten, ihm kann ich das nachsehen.

c) Das kann nicht sein, ich kenne ihn. So etwas kann nur bedeuten, dass er mit mir gebrochen hat oder dass in der ganzen Familie irgendwie schlecht über mich geredet wird, und jetzt wenden sich alle von mir ab.

6) Ein bekannter Choleriker schreit dich vor versammelter Mannschaft an und macht dir ungerechtfertigte Vorwürfe. Wie geht es dir dabei?

a) Unrecht schreit am lautesten, das weiß doch jeder. Der macht sich nur selbst unbeliebt, da steh ich drüber.

b) Ich hoffe, dass die anderen wissen, dass es so nicht sein kann und sehe mich hilfesuchend um.

c) Ich reagiere sofort mit Panik und Schuldgefühlen. Das ist immer so bei mir, egal ob ich es wirklich war oder nicht. Ich habe oft das Gefühl, etwas falsch gemacht zu haben.

7) Du bist in der Arbeit gerade stark beschäftigt und hast etwas Dringendes zu erledigen. Da kommt ein Kollege aufgeregt auf dich zu und fordert von dir, dass du ihm sofort ganz dringend helfen musst. Wie lautet deine Antwort?

a) „Tut mir leid, ich habe keine Zeit, im Gegenteil, ich könnte gerade selbst Hilfe brauchen, sieh dich bitte nach jemand anderem um." Allein der fordernde Tonfall lässt bei dir jede Lust schwinden, überhaupt zu helfen, selbst wenn du gerade könntest.

b) Du bist unschlüssig und überlegst, ob das ein Mensch ist, bei dem das Geben und Nehmen dir gegenüber grundsätzlich im Einklang ist. Wenn ja, dann fragst du erst mal, worum es geht, bevor du entscheidest, ob du deine Sachen liegen lässt.

c) Du kannst anderen nichts abschlagen, auch wenn du nachher selbst einen Haufen Probleme bekommst deswegen. Du lässt alles stehen und liegen und stimmst niedergeschlagen zu.

8) Jemand macht dir ein Kompliment wegen deiner hübschen Kleidung. Wie reagierst du?

a) „Danke, das ist aber nett."

b) „Danke, aber das ist nichts Besonderes, war ganz billig."

c) „Ach, der olle Fetzen …"

Der Selbstliebe-Test

9) Ihr sitzt zu dritt in einem Cafe und unterhaltet euch angeregt. Nach einer Weile tritt Stille ein, keiner sagt mehr etwas. Was denkst du?

a) Schön, dass man auch zu dritt mal nur hier sitzen und die Seele baumeln lassen kann, ohne immer reden zu müssen.

b) Mir ist die Situation unangenehm. Ich lächle etwas verkrampft und hoffe, dass die anderen schnell wieder etwas sagen.

c) So etwas ist mir total peinlich. Ich zermartere mir sofort das Hirn, was ich als Nächstes sagen könnte, um die Stille zu durchbrechen. Ich fühle mich verantwortlich für die Gefühle der anderen und will nicht, dass sie denken, mir sei langweilig mit ihnen.

10) Ihr macht Gruppenurlaub und wechselt euch ab beim Küchendienst. Wie fair bist du?

a) Ich bringe meinen Teil ein und achte auf Fairness, aber ohne Stress. So genau muss es schließlich nicht sein. Wenn ich allerdings etwas besonders ungern mache, halte ich gleich Ausschau, ob ich mit jemandem tauschen kann, der vielleicht genau das gern und seinen Teil nicht gern macht. Ich spüle beispielsweise lieber als abzutrocknen. Ich richte mich, soweit es geht, gemütlich ein.

b) Ich achte ganz genau darauf, dass ich weder zu viel noch zu wenig mache. Ich will mich nicht ausnutzen lassen, mir aber auch nichts Schlechtes nachsagen lassen. Ich passe auf, dass auch alle mitbekommen, dass ich meinen Teil gemacht habe.

c) Ich liebe das Gefühl gebraucht zu werden und wichtig zu sein. In solchen Situationen mache ich meistens mehr als alle anderen, dann müssen mir alle dankbar sein.

Auswertung

Zähle aus deinen Antworten alle a), b) und c) zusammen. Je mehr a) desto besser sieht es mit deiner Selbstliebe aus, je mehr b) desto mittelmäßiger steht es um dich und je mehr c) desto weiter entfernt hast du dich von der Selbstliebe.

Solltest du den Test insgeheim gleich wieder nutzen, um dich selbst niederzumachen nach dem Motto: „Meine Güte, hab ich viele c), ich bin doch zu blöd …", dann lass den Test mal ein paar Freunde und Kollegen machen und frage sie danach, auf wie viele a) sie kommen. Du wirst sehen, die meisten haben ganz ähnliche Themen, mit denen sie sich rumschlagen.

Wenn du beginnst in Situationen wie den oben beschriebenen mehr in Richtung a) zu denken und zu reagieren, wird es sein, als ob ein Frosch sich selbst zum Prinzen wachküsst. Und bist du erst mal ein Prinz oder eine Prinzessin, werden viele andere dich liebend gern zum Vorbild nehmen und auch selbst mehr und mehr das Froschdasein hinter sich lassen. Mach stattdessen lieber „Selbstliebe-Mantra"!

Übung Das Selbstliebe-Mantra ist so einfach wie wirkungsvoll. Es lautet: „Ich liebe mich und ich erlaube mir, geliebt zu werden."
Probier es aus! Wiederhole das Mantra so oft es geht in Gedanken – an der Bushaltestelle, beim Kochen, beim Aufräumen, wann immer du dich auf nichts anderes konzentrieren musst: „Ich liebe mich und ich erlaube mir, geliebt zu werden."
Wichtig: Fühle den Inhalt der Worte, lass das Mantra in deinem Herzen ankommen. Dann entfaltet es seine volle Wirkung über deine

Ausstrahlung. Die anderen werden es spüren und sich von dir angezogen fühlen. Und dir geht es besser mit dir selbst.

Wiederhole es täglich in Gedanken. Beim S-Bahn-Fahren, beim Aufräumen, beim Zähneputzen ... Lass das Mantra so richtig tief sacken.

Ganz häufig ist unsere Selbstliebe so stark eingeschränkt, dass wir misstrauisch sind gegenüber Menschen, die uns lieben wollen. Wir lassen sie nicht, weil wir denken: „Das kann doch nicht echt sein, das habe ich nicht verdient ..."

„Ich erlaube mir, geliebt zu werden" bezieht sich nicht nur auf andere Menschen, sondern auch auf die Natur und die ganze Schöpfung. Erlaube dir, von allem geliebt zu werden. Wenn du dir das ganz erlauben kannst, wirst du automatisch die Einheit mit allem fühlen. Dein innerer Liebestopf wird überquellen und deine Liebe zurückfließen.

Ganz natürlich ergibt sich dann die Fortsetzung des Mantras:

„Ich bin Liebe und ich liebe es, Liebe zu geben."

Ich habe nur viel zu geben, wenn ich viel habe. Selbstliebe kommt deshalb vor dem Liebe schenken. Wer sich innerlich leer fühlt, kann auch nicht viel geben. Vielleicht flüstert doch ein kleines Sabotage-Stimmchen im Inneren: „Ach ich, ich bin doch eh nicht viel wert, wer sollte da meine Liebe wollen ..." Wenn du hingegen Freude an der Selbstliebe hast, gibst du automatisch auch gern Liebe.

Eine andere Möglichkeit: Stell dir vor, du bist Liebe und gibst etwas davon ab, und alle Liebe, die du gibst, fließt aus dem Kosmos automatisch und mehrfach wieder zu dir zurück.

Du kannst auch beide Mantra-Übungen parallel ausüben. Spür nach, was für dich am besten passt und was in deinem Inneren passiert.

Tipp Mach den Effekt nicht durch Erwartungsdruck kaputt. Übe in erster Linie, um dir selbst etwas zu geben. Der Wunsch anderer Menschen, dir Liebe zu geben, entsteht erst, nachdem du dich selbst quasi „satt mit Liebe" gemacht hast.

Eine Freundin von mir wollte die Auswirkungen dieses Mantras auf ihre Ehe testen. Als erstes reagierte jedoch die sechs Jahre alte Tochter. Das Kind knuddelt und kuschelt zwar gern, aber Küsschen mag es gar nicht. Es will weder welche haben, noch hat es der Mutter je eins gegeben. Und „Ich hab dich lieb" hat sie auch noch nie zu ihrer Mutter gesagt.
Nachdem die Mutter das Mantra eine Woche lang angewendet hatte, kam die Tochter urplötzlich auf sie zugestürmt und rief: „Mama, ich hab dich ja soooo lieb", und küsste die Mama den ganzen Arm entlang ab – und das ganze Gesicht noch dazu. Das gab es vorher noch nie!

Das Wunder der Selbstliebe

Inzwischen haben schon mehrere Mütter und Väter von „coolen" Teenagern diese Übung ausprobiert, und wir haben wirklich wunder-volle Feedbacks erhalten: Viele der Jugendlichen sind plötzlich weniger cool. Mama oder Papa wird wieder in den Arm genommen, bekommt ab und zu sogar ein Küsschen. Oder die Teenies vertrauen ihren Eltern plötzlich mehr von ihren Gefühlen an. Solche Übungen können wie ein großes Wunder wirken: Man macht oder sagt nichts äußerlich Wahrnehmbares, und trotzdem entfalten sie große Wirkung.

„Für meinen Nächsten würde oft wenig dabei herauskommen, wenn ich ihn so liebte wie mich selbst."

Friedrich Hebbel

Selbstliebe

für Fortgeschrittene

Meckern oder wertschätzen?

Die erste Frage im Selbstliebe-Test auf Seite 49 ist eine Frage, die dir auf der unbewussten Ebene zeigt, wie viel Selbstliebe du ausstrahlst. Ist dir zum Beispiel schon einmal aufgefallen, dass manche Menschen an jedem und allem etwas zu bemängeln und zu nörgeln haben? Da ist heute das Wetter zu heiß und morgen zu nass, das Essen heute zu salzig und morgen zu fettig. Immer finden solche Menschen etwas, das nicht gut und nicht richtig ist. In der Sprache der Liebe sagen diese Menschen dabei sinngemäß: Ich liebe das Wetter nicht. Heute nicht und morgen nicht. Das Wetter ist einfach immer schlecht, egal wie es auch ist – und es ändert sich ja auch ständig! Und ich liebe auch das Essen nicht. Außerdem liebe ich überhaupt nichts: die Politik, die Steuererklärung, den Fußballverein, den Chef, die Arbeit, die Nachbarn und so weiter.

Genau genommen müsste man sagen, solche Menschen lieben das Wetter nicht nur nicht, nein, sie lehnen es sogar ab. „So wie das Wetter heute wieder geliefert wird, also nein, das mag ich gar nicht. Ich lehne dieses Wetter ab, ich möchte darum jetzt auf der Stelle ein anderes Wetter." Wenn du an solch einen Menschen denkst, der immer rumschimpft und nörgelt, wie geht es dir mit ihm? Vielleicht hast du solch einen Kollegen, den du immer auf der Weihnachtsfeier triffst. Oder dein Onkel verhält sich grundsätzlich so. Fühl mal rein, wie geht es dir mit diesem Menschen?

Vielleicht findest du, dass das Miteinander mit ihm irgendwie unangenehm ist. Immer kommt ein Hauch von Unfrieden und Missbilligung in den Raum, sobald er auftaucht. Es ist fast so, als zöge an einem Sommertag ein Gewitter auf. In Bayern nennt man diese Art Mensch einen Grantler. Man ist eher ungern mit ihm zusammen. Warum ist das eigentlich so? Wenn ich im Außen immer alles als schlecht und falsch und schlimm bewerte, dann ist dies nur ein Ausdruck meines inneren Zustands. Dann kann es mir innerlich auch nicht gut gehen. Wenn ich Vieles im Außen ablehne und heruntermache, dann tue ich das innerlich in dem Moment genauso mit mir selbst. Ich mache letztlich mich selbst herunter. Ich lehne mich oder Teile von mir ab. Ich liebe mich selbst nicht. Schimpfen und Granteln sind Symptome mangelnder Selbstliebe, so wie Husten und Schnupfen Symptome einer Erkältung sind.

Daraus können wir jetzt messerscharf schlussfolgern, dass umgekehrt Loben und Anerkennen und Wertschätzen Ausdrucksweisen von Selbstliebe sind. Wenn das Außen nur mein Inneres widerspiegelt, dann ist Alles, was ich im Außen als gut und schön erkenne, ein Spiegel meiner eigenen inneren Schönheit und wachsenden Selbstliebe. Und schon kommen wir damit zur großen Selbstliebe-Übung.

Übung Das Außen spiegelt dein Innen. Je bewusster du wirst, umso bewusster wird dir die Schönheit im Außen. Sie wird so zum Ausdruck deiner eigenen inneren Schönheit. Sammle die Schönheit, das Entgegenkommen und die Liebe im Außen ein, so wie eine Biene die Blütenpollen sammelt, einzeln und Stück für Stück. Geh durch deinen Tag und sammle die schönen Begebenheiten in deinen Honigtopf:

- Jedes Lächeln, das dir begegnet, ist ein Ausdruck deiner Selbstliebe.
- Jedes Mal, wenn du ein Lob bekommst, drückt dies Liebe aus.
- Wenn ein Mensch freundlich zu dir ist, ist dies ein Ausdruck von Liebe.
- Wenn ein Hund freudig schnuppern kommt, ist es Liebe.
- Wenn die Sonne scheint, ist es Liebe.
- Wenn dir ein glücklicher Mensch begegnet, ist dies ein Zeichen der Liebe um dich herum.
- Eine Blume am Wegesrand ist ein Zeichen, dass das Universum dich liebt. Genauso wie ein Regenbogen, ein warmes Mittagessen oder dein treues Auto, das dich andauernd bereitwillig irgendwohin fährt. Mach dir jeden Tag eine Liste, auf der du die vielen Spielarten von Liebe um dich herum sammelst. Die Liste wird deinen Fokus auf die Liebe und Dankbarkeit lenken und deine Selbstliebe stärken. Nimm dir vor, jeden Tag mindestens einen neuen Aspekt von Liebe im Außen zu entdecken. Spiel dieses Spiel beim Autofahren, beim Warten auf die Bahn, beim Spazierengehen. Erinnere dich immer wieder daran. Mach es dir zur Gewohnheit, zu einer selbstverständlichen Art und Weise, die Welt zu sehen.

Das Wunder der Selbstliebe

Wendest du diese Übung häufig an, so kommst du nicht umhin, dir deine eigene Schönheit bewusst zu machen. Deine Selbstliebe wächst, allein schon dadurch, dass du dein Außen mehr wertschätzt und es bewusster beachtest. Die Schönheit wartet überall, damit du sie entdecken kannst.

Die Liebe in jedem Menschen sehen

*D*as letzte Kapitel hat uns daran erinnert, dass die äußere Welt nur ein Spiegel der inneren Welt ist. Was immer ich an anderen ablehne, davor fürchte ich mich in mir selbst, oder ich lehne es an mir selbst ab. Suchen wir dagegen nach der Liebe im Anderen, können wir damit auch unsere Selbstliebe steigern. Denn wir können lernen, in anderen Menschen eine Vielzahl an Ausdrucksformen von Liebe zu sehen – und diese auch in uns selbst zu entdecken, selbst in schwierigen Situationen.

Das können ein paar Blitzlichter aus einem Seminar verdeutlichen:

➤ „Als ich hierher fuhr stand am Bahnhof eine extrem dicke und etwas verlottert aussehende Frau. Mit hängenden Mundwinkeln hing sie am Handy. Ich lehnte sie eindeutig ab. Im Nachhinein merke ich, dass auch sie sich nur nach Liebe sehnt – genau wie ich. Vielleicht war ihre Verabredung nicht gekommen und ging nun auch nicht ans Handy. Jetzt tut sie mir leid, und ich wünsche ihr ganz viel Liebe und Glück."

➤ „Ich habe bis gerade eben eine Frau hier in der Gruppe innerlich abgelehnt. Aber nun ist mir ihr versteckter ‚Ruf nach Liebe' so offensichtlich. Ich verstehe gar nicht mehr, wieso ich ihn nicht gleich wahrgenommen habe, sondern stattdessen so zurückweisend war. Wenn ich genau hinspüre, hatte ich in dem Moment eigentlich eine schlechte Meinung von mir selbst, die ich nur auf die Frau übertrug."

➤ „Der Hausmeister hat mich vorhin angepflaumt, als ich noch eine Decke haben wollte, obwohl noch ein ganzer Stapel in der Ecke lag, den ich übersehen hatte. Also in der Liebe war der Mann in dem Moment nicht. Vielleicht hat er gerade viel zu tun und ist müde. Es war nicht gegen mich gerichtet (selbst dann nicht, wenn er das für sich gedacht hat). Ihm fehlten einfach gerade nur Liebe und Freude."

➤ „Als H. in den Raum kam, habe ich mich gefragt, was er auf so einem Seminar hier tut. Er hat dermaßen cool und emotionslos in die Gegend geguckt, ich konnte es einfach nicht verstehen. Dann habe ich mich gefragt, wie sich die Liebe in ihm ausdrücken könnte. Und mir fiel ein, dass er vielleicht gut im Streitschlichten wäre, weil er die Distanz behält, wenn andere gerade total echauffiert sind. Ich habe H. gefragt, und genau das macht er beruflich: Er unterrichtet gewaltfreie Kommunikation zur Streitschlichtung. Wahnsinn, was man mit Liebe im Herzen alles sehen kann, was vorher unsichtbar war!"

➤ „Ich mag es am liebsten umherzugehen und den Menschen in die Augen zu sehen und in jedem Augenpaar den ‚Kern aus Liebe' zu suchen. In manchen Augenpaaren sieht man ihn sofort – wenn man selbst in Resonanz ist zu diesem Menschen –, und in anderen Augenpaaren muss man suchen. Das finde ich total spannend. Ich muss nur aufpassen, dass ich im Alltag den Leuten nicht zu penetrant in die Augen starre …"

Übung Diese Übung kannst du mit jedem Menschen machen, der dir begegnet: Sieh die Liebe in ihm. Finde deinen eigenen Weg. Du kannst zum Beispiel

➤ nach dem „Kern der Liebe" in seinen Augen Ausschau halten;

Die Liebe in jedem Menschen sehen

- dich fragen, wie sich die Liebe in diesem Menschen ausdrücken könnte. Dazu musst du nicht seine wahren Begabungen herausfinden, sondern dir vorstellen, wie dieser Mensch Liebe zum Ausdruck bringen könnte;
- den Wunsch nach Liebe in dieser Person wahrnehmen;
- den Ruf nach Liebe erkennen (er drückt sich oft negativ aus);
- genau hinschauen, ob derjenige gerade mehr von Angst oder Liebe, oder einer Mischung aus beidem angetrieben wird;
- überlegen, nach wie viel Selbstliebe dein Gegenüber gerade aussieht.

Apropos – wie sieht es mit deinem Selbstliebe-Level im Moment aus? Wie viel Prozent Selbstliebe würdest du dir geben? Das kann stündlich variieren. Wenn das Level gerade niedrig sein sollte, empfehle ich dir, in Gedanken folgendes Mantra zu wiederholen: „Ich liebe mich und sehe die Liebe überall." Das ist auch ein tolles Begleitmantra für einen Tag, an dem du planst, die Liebe in allen Menschen zu sehen.

Das Wunder der Selbstliebe

Je mehr du die verschiedenen Ausdrucksformen von Liebe in den unterschiedlichsten Menschen sehen kannst, desto stärker, tiefer und ganzheitlicher wird deine Selbstliebe.

Liebe überall sehen zu können, stärkt deine Selbstliebe.

Du hältst dich automatisch für liebenswert, wenn du auch noch in der schwierigsten Person die Liebe zu sehen im Stande bist.

Denkmuster verändern

Mein Heilpraktiker gab mir kürzlich Folgendes mit auf den Weg: „Achte immer darauf, dass das, was du tust, dich nicht mehr Energie kostet, als es dir gibt. Achte auf die Balance in dir, bei allem, was du tust." Das fand ich sehr interessant. Denn ich bin noch nicht auf die Idee gekommen, dass die Dinge, die ich den ganzen Tag über so mache (inklusive Putzen, Aufräumen, Buchhaltung) mir überhaupt Energie geben könnten, selbst wenn ich mir Mühe gebe, das Beste daraus zu machen. Mein Heilpraktiker sieht das aber anders – und er hat Recht! Es gibt Möglichkeiten, auch zunächst unliebsame Tätigkeiten so zu verrichten, dass sie uns Energie geben: Eine Art des meditativ-konzentrierten „Zen-Putzens", eine Art der Buchhaltung voller Staunen über die spannenden Belege und welche Geschichten sie erzählen. Würde uns das gelingen, dann gäbe uns alles, was wir tun, Energie. Wir wären immer in Balance, entspannt und fröhlich und nie erschöpft.

Für diesen Traum müssen wir lediglich unsere Gewohnheiten verändern. Früher gingen die Fachleute davon aus, dass die Persönlichkeitsentwicklung mit 35 Jahren abgeschlossen sei und bis dahin eingegrabene Denkmuster kaum noch zu ändern seien. Heute erfahren wir von modernen Forschern wie Gerald Hüther oder Joe Dispenza (siehe Seite 159), dass das Gehirn auch noch mit 150 Jahren seine Muster und Strukturen komplett verändern könnte – und zwar vor allem mit unserer Willenskraft. Joe Dispenza hat dazu interessante Untersuchungen durchgeführt: Wenn man beispielsweise einer Gruppe von Depressiven einen Stapel von Bildern zeigt mit 50 Prozent Beerdigungsfotos und 50 Prozent Hochzeitsfotos, sind die Depressiven hinterher überzeugt, mehr Beerdigungsfotos gesehen zu haben. Denn schwermütige Menschen sind so verdrahtet, dass sie das Gute nicht wahrnehmen, auch wenn es vor ihnen steht. Sie schauen nur auf das Schlechte, weil in ihren Gedanken nur das vorkommt. Macht man hingegen das Gleiche mit einer Gruppe von glücklichen Menschen, sind diese hinterher überzeugt, mehr Hochzeitsfotos gesehen zu haben.

Größer denken!

Das liegt daran, dass jeder Gedanke im Körper einen Botenstoff aktiviert, der ein Gefühl erzeugt. Das Gefühl bestärkt dann den Gedanken, der wiederum den passenden Botenstoff erzeugt und immer so weiter. Dieser Mechanismus Gedanke-Botenstoff-Gefühl wiederholt sich ständig, so dass eine Denk-fühl-denk-Gewohnheit entsteht, die sich selbst erhält und im ganzen Körper als Muster eingräbt. Und dieses Muster sorgt dann dafür, dass sich immer wieder ähnliche Situationen im Leben einstellen. Aus diesem Mechanismus können wir laut Dispenza aber bewusst aussteigen, wenn wir „größer denken" als es die gegenwärtige Situation nahelegt. Wer zum Beispiel in Gedanken viel jammert, weil alles so schlecht ist, hält sich damit selbst in der Situation fest. Wer stattdessen seine Aufmerksamkeit auf die positiven Dinge des Lebens richtet und sich vorstellt, dass sich jeden Moment alles zum Besseren entwickeln kann, weil es gute Menschen und Gelegenheiten dazu an jeder Ecke gibt, der geht innerlich über Situationen hinaus und denkt größer. Dann entstehen neue Botenstoffe und neue Gefühle, die ihrerseits neue Gedanken bringen. Unser Gehirn kann sich so neu verdrahten.

Damit das gelingt, müssen wir unsere Willenskraft einsetzen. Denn das Problem ist: Wir haben in den alten Bahnen meist jahrzehntelang gedacht. Der Körper verzichtet dann nicht so einfach auf sein gewohntes Futter (Botenstoffe), sondern intrigiert mit Hilfe des inneren Schweinehundes: „Ach komm, morgen reicht es doch auch noch mit den neuen Gedanken …“ Dieser innere Schweinehund ist nämlich süchtig nach den alt bekannten Botenstoffen des Körpers. Da helfen nur Entzug und strenge Diät von den unbekömmlichen alten Gedanken.

Die Umgewöhnung an gesündere und liebevollere Gedanken kannst du dir mit ein paar schlauen und lustigen Übungen leichter machen:

Übung Egal ob es einen Grund gibt oder weit und breit keiner in Sicht ist: Freu dich einfach so! Das geht mit ein bisschen Übung immer leichter. Frage dich: „Wie würde ich mich fühlen, wie würde ich mich bewegen, welche Körperhaltung hätte ich, was würde ich tun, wenn ich mich gerade ganz supertierisch freuen würde?“ Entfalte schauspielerisches Talent und spiele dir selbst große Freude vor. Ich kann das am besten im Badezimmer vor dem Spiegel. Meine Kinder gucken ab und zu entgeistert, wenn sie in so einem Moment hereinplatzen, aber auch an eine verrückte Mama kann man sich gewöhnen: „Wo ist Mama?“ – „Die hampelt wieder im Bad vor dem Spiegel rum …“ – „Ach so …“

Betrachte dabei die Botenstoffe als dein Publikum: Je schneller sie sich ändern und wirkliche Freudengefühle erzeugen (auch wenn es am Anfang nur Freude-Blitzlichter sind, die schnell wieder verschwinden), desto besser war deine Aufführung. Wenn sich nichts ändert, musst du überzeugender spielen. Den Botenstoffen ist es völlig schnuppe, ob es einen Grund zur Freude gibt oder nicht. Sie machen das, was sie dir glauben, sie schauen nicht nach außen. Und wenn du die Übung wirklich draufhast, hält die Freude stundenlang an.

Tipp Sammle kleine Kieselsteine oder etwas Ähnliches und stecke morgens eine Handvoll in deine linke Hosentasche. Bei jedem positiven Erlebnis hole ein Steinchen heraus und gib es in die rechte Hosentasche. Wenn du nur Röcke ohne Taschen trägst, dann brauchst du eben zwei unterschiedlich markierte Frühstückstüten in der Handtasche oder Ähnliches. Lass dir etwas einfallen. Schau abends nach, wie viele Steinchen den Platz gewechselt haben, und erinnere dich noch einmal an jede positive Begebenheit des Tages. Nun kannst du dich gleich noch einmal freuen, diesmal sogar mit Grund.

Es gibt viele mögliche Freu-Steinchen-Gründe: Ein nettes Gespräch, ein herzlicher Kontakt, dir ist etwas gut gelungen, du bist zufrieden mit einer Entscheidung, du hast die Sonne genossen, du hast etwas ein Stück besser gemacht als zuvor, du hast eine tolle Idee gehabt ... Alles gilt, Hauptsache du sammelst nicht mehr, wie die meisten Menschen, „Jammer-Steinchen", die dich daran erinnern, was alles schlecht war. Wenn du die Freu-Steinchen bei dir trägst und sie bewegst, programmierst du dein Gehirn noch schneller auf Liebe um.

Neue Energiequellen entdecken

Viele spirituelle Schulen leiten ihre Schüler an, sich stets zu fragen: „Was gibt mir Energie, was nimmt mir Energie?" Das ist schon mal eine gute Frage, aber sie bedeutet nicht, dass du alles bleiben lassen sollst, was dir Energie nimmt. „Dem blöden Chef seine Ablage machen nimmt mir Energie, das wälze ich jetzt mal schleunigst auf jemand anderes ab." „Schokolade essen und ganz viel Kaffee trinken gibt mir Energie, also her damit und mehr davon." Ganz so einfach ist es natürlich nicht.

Es geht in vielen Fällen gar nicht darum zu ändern, was ich mache, sondern, wie ich etwas mache und mit welcher inneren Einstellung: Wie kann ich mich gemütlich einrichten, so dass mir auch die Ablage Energie gibt? Welche positiven Seiten kann ich dieser Tätigkeit abgewinnen? Wie kann ich mich hinterher dafür belohnen? Vielleicht mit einem Spaziergang?! Schokolade essen befriedigt nur kurz und tut dem Körper letztlich nicht gut. Was will der Heißhunger mir sagen? Wonach sehne ich mich wirklich? Was würde mich längerfristig befriedigen? Was fehlt mir gerade? Wie kann ich es mir selbst geben? Die Antwort ist vielleicht ein Telefonat mit einem lieben Freund, eine Verabredung für den Abend, die Vorfreude auf ein Entspannungsbad in der Wanne oder Ähnliches.

Übung Stelle dir selbst die Fragen: „Was nimmt mir Energie, was gibt mir Energie? Was kann ich gegebenenfalls ändern, damit ich mehr Energie bekomme bei dem, was ich gerade mache?" Alles kann uns Energie geben, wenn wir mehr Freude im Alltag und an den kleinen Dingen entwickeln.

Glücksmomente nicht verpassen

Ich möchte dir eine hübsche kleine Geschichte erzählen:

Karl-Otto-ich-mag-mich-gar-nicht vom Stamme der Unzufriedenheitsindianer hat einen Job, eine Frau, Kinder, ein Haus, ein neues Auto, ist relativ gesund. Aber er findet sein Leben fad und unbefriedigend. Der Chef verkennt sein Genie, die Kollegen haben eh keine Ahnung, die Frau ist anstrengend, die Kinder erst recht, das Auto hätte billiger sein können, und sein Arzt ist ein Idiot, schließlich hat er noch immer nicht das Zipperlein kuriert.
Eines Tages kommt sein Vetter Hans-Werner-ich-liebe-mich-sehr zu Besuch. Der Typ ist eine Nervensäge. Karl-Otto hat ihn noch nie gemocht. Aber heute geschieht etwas Erstaunliches. Hans-Werner erzählt ihm von seinem Leben: Seine Frau hat ihn verlassen, die Firma ist pleite und er muss in eine kleinere Wohnung ziehen. Hans-Werner ist traurig, aber er findet Trost. Denn die Katze der neuen Nachbarn hat beschlossen, dreimal täglich zum Schmusen zu ihm zu kommen. Hans-Werner hat bemerkt, wie glücklich es ihn macht, wenn er mit ganzem Herzen das Tier streichelt. Dann sieht alles gar nicht mehr so schlimm aus, und er blickt zuversichtlich in die Zukunft.
Plötzlich wird Karl-Otto klar, dass sein Leben nichts anderes ist als eine Aneinanderreihung verpasster Glücksmomente. Es macht „klick" im Hirn von Karl-Otto, und von Stund an ist er ein fröhlicher Mensch. Er denkt nie wieder dieselben undankbaren und achtlosen Gedanken. Dass dabei innerhalb kürzester Zeit sein ganzes Leben auf ein neues Level gehoben wird, ist eine andere Geschichte und soll ein andermal erzählt werden.

Übung Achte auch du gut auf die kleinen Glücksmomente. Nimm im Geiste ein Mikroskop und achte genau auf jedes noch so minikleine Glücksmomentchen. Auch damit baust du dein Gehirn jedesmal um!

Wie bei jeder Übung brauchst du auch hier Willenskraft. Doch je mehr Selbstliebe-Übungen du machst, desto mehr wirst du dir selbst wert und desto leichter fällt es dir, etwas für dich selbst zu tun. Frag dich dabei nie: „Durch welche Übung peitsche ich mich als Nächstes?", sondern eher: „Welche Übung könnte ich im Moment am ehesten so ausführen, dass ich Spaß dabei habe und es mir hinterher richtig gut geht?"

Das Wunder der Selbstliebe

Je öfter du scheinbar grundlose Freude über winzige Kleinigkeiten empfinden kannst, desto größer wird das Wunder deiner Verwandlung sein! Freude ist das Gefühl, das alte Muster am schnellsten überschreibt. Wenn du dich eine Zeit lang in Situationen, die du vorher gehasst hast, so richtig toll gefreut hast, ist das alte Verhaltensmuster weg und kommt nicht wieder, egal wie viele Jahrzehnte es vorher an seinem Platz thronte. Du kannst in ein paar Wochen alles umdrehen, wenn du mit Leib und Seele dabei bist. Kehre die Jammer-Steinchen runter und lege die Freu-Steinchen auf den Thron. Dann wird dein Leben eine Aneinanderreihung genutzter Glücksmomente sein.

„Jedes Werden in der Natur, im Menschen, in der Liebe muss abwarten, geduldig sein, bis seine Zeit zum Blühen kommt."

Dietrich Bonhoeffer

Selbstliebe mag Langsamkeit, Partnerschaft auch

Einen Grund für das angebliche „Ende der Liebe" in der Gesellschaft sieht ein Bericht der Zeitschrift *Focus* in der Zunahme von Geschwindigkeit in allen Lebensbereichen und in den zunehmenden Job- und Karrierewechseln. Wer dauernd den Job und damit vielleicht auch den Wohnort wechselt, hat Mühe, seine Partnerschaft konstant zu halten. Mehr Tempo herrscht auch im Kontakt mit Freunden, mit denen man schnell mal im Web chattet, weil das viel schneller geht, als erst in ein Cafe zu fahren und sich dort zu treffen. Viele Menschen putzen sich auch schneller die Zähne als früher, essen schneller, ziehen sich schneller an, duschen schneller und so weiter. Wir haben den Eindruck, wir müssten so viel Zeit wie möglich sparen. Wofür eigentlich? Laut Statistik verbringen wir mehr Zeit beim Fernsehen und mit dem Computer. Sind wir noch zu retten?

Kein Wunder, dass die Liebe in diese Schnelllebigkeit nicht hineinpasst. Denn Liebe braucht Zeit, viel Zeit sogar, um genau hinzusehen, um alle Details zu erfassen und zu genießen. Um einen Menschen zu würdigen und zu lieben, reicht es nicht, ihn mal kurz anzusehen und festzustellen, welche Farbe seine Augen haben. Man muss sich in ihn vertiefen, sich in ihn hineinfühlen und ganz genau hinsehen, auch auf das, was im ersten Moment nicht sichtbar ist. Liebe entsteht, wenn man sich Zeit lässt, während man einen Menschen erkundet.

Das gilt genauso für die Liebe zu einem anderen Menschen wie für die Selbstliebe. Letztere braucht vielleicht sogar besonders viel Zeit, weil wir es nicht mehr gewöhnt sind, uns selbst in allen Gefühlsnuancen wahrzunehmen. Oder wann hast du es das letzte Mal genossen, ganz dich selbst zu fühlen, genau hinzuspüren, was in dir vorgeht, wenn du zum Beispiel vor einem Baum oder an einem See stehst?

Der Wunsch nach Heilung

Wer sich die Zeit nimmt, sich selbst kennen zu lernen, wird auch mit den eigenen Schattenseiten und Neurosen konfrontiert. Ob er sich bemüht, diese zu heilen oder sie so anzunehmen, wie sie sind, ist dabei nicht das Entscheidende. Vielmehr geht es darum, dass er sich wirklich kennt und um seine Besonderheiten weiß, damit er sich selbst lieben und glücklich mit sich sein kann. Diese Kraft der Selbstliebe wirkt auch ansteckend und heilend auf den Partner, dem ein „Liebesmensch" ganz automatisch mit mehr Mitgefühl und Verständnis begegnet, weil er die innere Not dahinter erkennen kann. Das funktioniert sogar bei einem Menschen, dessen Kommunikation von Angst bestimmt wird, der in seiner Angst feststeckt und die Liebe nicht sieht. Auch ein solcher „Angstmensch" reagiert anders auf einen verständnisvollen „Liebesmenschen" als auf einen Vertreter seines eigenen Typus, der ebenfalls unfreundlich ist oder nur die Schwächen des anderen sieht (damit er seine eigenen nicht wahrnehmen muss, weil diese ihm Angst machen). Eine Beziehung läuft also sehr unterschiedlich, je nachdem, welche Kombination aufeinander trifft.

Selbstliebe mag Langsamkeit, Partnerschaft auch

Angstmensch trifft auf Angstmensch:

Partner A stellt eine normale Frage. Partner B reagiert mit Angst und denkt: „Aha, der will mich angreifen …", und er antwortet patzig. A wird sauer, B wird noch saurer, Riesenkrach, Trennung, nächster Partner. Alles geht von vorne los, ohne große Änderungen. Beide Partner verstärken sich vielmehr gegenseitig in ihren Schattenseiten und Neurosen.

Angstmensch trifft auf Liebesmensch:

Partner A stellt eine normale Frage. Partner B reagiert mit Angst und denkt: „Aha, das kann nur ein Angriff sein …", und er antwortet patzig. A erkennt die Angst dahinter und reagiert mit Mitgefühl und Selbstliebe. Das heißt A grenzt sich liebevoll ab ohne auszugrenzen, duckt sich aber auch nicht, sondern sorgt für sich selbst. Bs Ärger verfliegt recht bald, je nach Grad und Tiefe der Angst. A lässt sich nicht irritieren und bleibt in seiner Selbstliebe, alles ist kurz darauf wieder gut.

Liebesmensch trifft auf Liebesmensch:

Partner A hat schlechte Laune und stellt eine Frage mit zynischem Unterton. Partner B holt Luft, fühlt sich selbst und informiert dann A: „Bei diesem Tonfall fühle ich mich angegriffen oder bekomme automatisch Schuldgefühle. Mir kommt es so vor, als wüsste ich gar nicht, worum es wirklich geht. Gibt es da noch ein Problem, das ich kennen sollte?"

A erkennt, dass er seine schlechte Laune an B ausgelassen hat, denkt nach und antwortet: „Meine Kollegin hat mich heute beim Chef schlecht gemacht, das hat mich total frustriert. Ich glaube, in meiner Frage hat mein Ärger mitgeschwungen, tut mir leid. Meine eigentliche Frage ist …"

Im letzten Beispiel ist jedes Auftauchen von Problemen eine Gelegenheit für beide Partner heiler, innerlich freier, liebevoller und glücklicher zu werden. Aber für so etwas braucht man Zeit – und zwar zuerst für die Selbstliebe. Denn nur wer seine Gefühle im Einzelfall kennt, kann auch andere verstehen, wenn sie A sagen und eigentlich B meinen.

Übung Wann immer dir jemand eine Frage stellt oder etwas sagt, das unangenehme Gefühle in dir wachruft, notiere dir die Situation und nimm dir sobald es geht die Zeit, dich selbst zu erkunden: Was hat mich daran gestört und warum? Was ist dabei in mir passiert? Zu Beginn findest du vielleicht nicht immer ein Gefühl in dir. Aber je öfter du deine Gefühle untersuchst und anschaust, desto besser geht es, automatisch wird sich in vielen Situationen dein Ärger in Verständnis und Mitgefühl verwandeln. Denn wer sich selbst wirklich versteht, versteht auch andere besser.

Ein Beispiel: Ein Kollege hat dich gefragt, ob du seine aktuelle Arbeit gut findest. Bei dir haben die Alarmglocken geläutet. Hier ein paar der unzähligen möglichen Gründe, warum:

☛ Du hattest Angst, der Kollege wollte dir unterschwellig sagen, dass er besser ist als du.

☛ Du trautest dir kein kompetentes Urteil zu und wolltest dir mit einer dummen Antwort keine Blöße geben.

☛ Du dachtest, er will gelobt und angeschleimt werden, und wenn du die Wahrheit sagst, würde er dich mobben.

Es gibt so viele absonderliche Gedanken, die unsere inneren Ängste auf eine einfache Frage hin produzieren können. Je genauer wir sie wahrnehmen und verstehen, umso besser lernen wir uns selbst kennen. Übrigens auch, wenn wir unsere positiven Gefühle ergründen. Wenn dir ein Satz oder ein Gespräch besonders gut getan hat, spüre ebenfalls nach: Was genau war es, was dir so ein gutes Gefühl dabei gegeben hat? Wie kannst du mehr von dem Gefühl bekommen? Kannst du es anderen auch geben? Lass deine Liebe zu dir selbst wieder wachsen durch mehr Zeit für das, was dir wirklich wichtig ist. Streiche viel von dem aus deinem Leben, was dich nicht wirklich befriedigt.

Das Wunder der Selbstliebe

Wer mehr liebt, wird mehr geliebt: Setze es dir zum Ziel, dass jeder Mensch, der von dir geht, ein kleines bisschen glücklicher geht, als er gekommen ist. Wundervolle Dinge können geschehen: Manchmal ändern Menschen dir gegenüber ihr Verhalten, die du für hoffnungslos negativ gehalten hast. Plötzlich sind sie dir gegenüber positiv und geben dir unerwartet ein Vielfaches zurück. Das kann wie ein großes Wunder sein. Es mag nicht immer klappen, aber allein die Absicht wird deine Liebe zu dir selbst und deine Feinwahrnehmung für Gefühle stärken. Nimm dir Zeit für solche Kleinigkeiten, sie können Großes bewirken.
Liebe mag Langsamkeit und entfaltet sich nur, wenn sie wirklich Raum in dir und deinem Leben bekommt. Das Wunder der bewusst genossenen Langsamkeit liegt darin, dass sie schnell dein ganzes Leben bereichern kann und dir ein zufriedeneres, erfüllteres Lebensgefühl gibt.

Wie gehst du
mit dir selbst um?

*B*ei diesem Thema kann ich mich immer wieder an meiner eigenen Nase packen. Ein netter Bekannter erzählte mir kürzlich von einer Begebenheit aus seiner Studienzeit: Ein befreundeter Arzt hatte ihm ein Buch mit folgender Widmung geschenkt: „Hart zu sich selbst, brutal zu anderen. Mit freundlichen Grüßen, Dr. K.M." Er war damals regelrecht erschrocken über eine derartige Widmung. Inzwischen ist er aber schon viele Jahre selbst als Arzt tätig und kennt diesen Typus recht gut aus seiner Praxis: Das ist die Art Mensch, der morgens früh um sieben zum Joggen geht, um acht die erste Mitarbeiterkonferenz einberuft und seinen Angestellten als Erstes unter die Nase reibt, was für Schnarchzapfen sie sind, weil sie gerade erst aus dem Bett kommen. Dann wird ein straffer Tagesablauf festgelegt, richtig gegessen wird nur, wenn man es mit einem Geschäftsgespräch verbinden kann, und natürlich ist jeder eine Lusche, der keine Überstunden macht.

Ich habe keine Mitarbeiter, deswegen brauche ich auch nicht morgens um sieben zu joggen – ist ja keiner da, dem ich es unter die Nase reiben könnte. Nein, das war natürlich ein Scherz. Es geht ja nicht ums Joggen, sondern darum, dass derjenige es offenbar nicht gern macht und seinen Frust an den anderen auslässt. Er ist dabei hart zu sich selbst und brutal zu den anderen. Der Chef könnte ja auch aus Liebe zu sich selbst joggen und seinen Mitarbeitern vor der Morgenkonferenz eine Viertelstunde Jogging- oder Yoga-Pause schenken – bei gleichzeitiger Abschaffung der Überstunden selbstverständlich. Dann würde er liebevoll mit sich und seinen Angestellten umgehen. Das macht viel mehr Spaß und ist bedeutend gesünder.

Harter Körper – harter Geist

Vor nicht allzu langer Zeit, genau genommen bis vor ein paar Monaten, war ich auch so: Es war ja alles so spannend und die Zeit immer so knapp, also habe ich noch schnell schnell das gemacht und husch husch jenes. Ein Stündchen weniger schlafen, etwas schneller essen und den Spaziergang streichen, dann kann man schon noch was schaffen. Aber der Mensch ist nicht nur ein ungeduldiger Geist, der sich schnell begeistern lässt, sondern er besteht auch aus einem Körper, der das mittragen soll. Und wenn ich auf diese oder ähnliche Weise hart zu mir selbst bin, indem ich mir die nötigen Pausen für die innere Balance nicht wirklich nehme, dann wird auch der Körper hart. Körper, Geist und Seele bilden eine Einheit, und auf jeder Ebene spiegelt sich, was auf den anderen beiden vor sich geht. Wenn der Körper hart wird, werden die Körperzellen, bildlich gesprochen, von Trauben zu Rosinen, sie trocknen aus, es fließt zu wenig Lebenssaft und Lebensenergie. Man kann nicht mehr lockerlassen, im Geist und im Gefühl nicht, und das überträgt sich auf den Körper. Ich steckte genau da drin, und ich weiß, Millionen machen mehr oder minder das Gleiche.

Aus der Balance geraten

Wenn der Zustand länger andauert, bekommt man körperlich, geistig und seelisch immer mehr Probleme. Zellen und Gewebe verfilzen und verkleben, die Mikrozirkulation im Gewebe ist gestört. Der Körper hat Probleme, Sauerstoff und Abwehrzellen noch bis in jeden Winkel vordringen zu lassen, und entsprechend folgen Schmerzen und Krankheiten. Geistig passiert genau das Gleiche: Die Gedanken verfilzen und verkleben. Man ist immer weniger in der Lage, klar, kreativ und flexibel zu denken. Vielmehr läuft immer wieder dieselbe Schallplatte im Gehirn ab, und es fällt zunehmend schwer, sich von automatischen Verhaltensweisen und unliebsamen Gedankenmustern zu lösen, denn auch sie kleben regelrecht fest. Da alles miteinander verbunden ist, können wir diesen Prozess von der körperlichen Ebene aus prima unterstützen. Sobald die Energie im Körper wieder freier fließt, macht sich das auch in einem freieren Geist bemerkbar. Und wenn wir dann geistig-seelisch ebenfalls an der Selbstliebe und inneren Freiheit arbeiten, dann unterstützen und beschleunigen sich die Ebenen gegenseitig.

Körperlich ist es denkbar einfach, die Gewebselastizität wiederherzustellen: Es gelingt durch Muskelzittern, denn beim Zittern lösen sich die Verklebungen. Das Zittern gibt dem Körper auch seinen natürlichen Rhythmus zurück, mit dem die Flüssigkeiten normalerweise in ihm pulsieren. Eine Art „Zitter-Tiefenmassage" ist die so genannte Matrix-Rhythmus-Therapie, die genau diese Mikrozirkulation im Gewebe wieder anregt. Aber man kann das auch völlig kostenfrei selbst machen – es dauert ein bisschen länger, wirkt aber auch.

Wie gehst du mit dir selbst um?

Übung Du kannst verschiedene Zitterübungen ausprobieren und herausfinden, welche dir gefallen:

➥ Im Liegen die Waden anspannen, bis sie zittern. Dann ein Körperteil nach dem anderen von unten nach oben anspannen, bis alle Muskeln zittern. Nur kurz die Spannung halten, solange es angenehm ist, und dann wieder loslassen. Wichtig: Es soll kein Leistungsdruck aufkommen. Im Gegenteil, wir sind ja unterwegs, den Druck abzubauen. Führe die Übung daher mit spielerischer Neugier auf die Vorgänge in deinem Körper aus: Wie fühlt sich das Zittern an? Wie fühlt es sich an, wenn du alles loslässt und nachspürst?

➥ Im Stehen den ganzen Körper sanft schwingen und schütteln. Lass dabei möglichst alles hängen, wie einen Wackelpudding. Wenn du Angst hast, etwas falsch zu machen, kannst du dir diese Übung auch einmal von einem Körpertherapeuten zeigen lassen.

➥ Es gibt Mini-Trampoline, auf denen nicht getrampelt, sondern nur sanft geschwungen werden soll. Die Füße bleiben dabei immer auf dem Trampolin. Auch diese Schwingung hilft dem ganzen Körper, lockerzulassen. Sie bringt die Lymphe und die ganze Körperenergie in Fluss und regt die Mikrozirkulation und den Kreislauf an. Zweimal täglich fünf Minuten an der frischen Luft (oder vor dem offenen Fenster) wippen, bringen schon erste positive Resultate.

➥ Einen ähnlichen Effekt haben übrigens Massagedüsen in einem warmen Thermalbad. Probier es aus, wenn du das magst!

Und nach so einer Schüttelübung macht man dann eine beliebige Selbstliebe-Übung oder Meditation und nutzt damit den gesteigerten Energiefluss optimal. Ich gehe nach dem Schütteln oder Wippen gern spazieren.

Wenn Manfred nicht mitkommt und wir nicht schwatzen, dann gehe ich jeden Schritt bewusst mit dem Mantra: „Ich liebe mich und ich lasse locker." Dann merke ich als erstes, wo ich noch angespannt bin – meist in den Schultern, da ich viel vor dem PC sitze – und atme genau da rein. Und bei jedem Wiederholen des Mantras wird die Stelle lockerer. Probier es aus, das tut Körper, Geist und Seele gleichermaßen gut!

Tipp Atme ein, während du dreimal wippst, atme aus, während du fünfmal wippst. Das bringt zusätzlich Ruhe und Gelassenheit ins System. Vor allem in Kombination mit dieser Atemtechnik fließt die Lymphe hinterher besonders gut. Angeblich machen Astronauten diese Wipp-Trampolin-Übung auch.

Noch einmal zur Erinnerung: Ob eine Übung viel oder wenig bringt, hängt nicht von der Übung ab. Es hängt von der Einstellung ab, mit der du die Übung durchführst. Wenn du ein Mantra wie „Ich liebe mich und lasse locker" einfach nur runterleierst, kannst du es gleich lassen. Wenn du dabei aber die Liebe fließen fühlst und hinspürst, wie es sich anfühlt, wenn du immer lockerer wirst, dann wirkt es richtig. Es macht nichts, wenn du zu Beginn nicht viel fühlst. Die ehrliche Absicht zählt. Deine Seele erkennt sie an, und das Gefühl und die Wahrnehmung werden mit der Zeit immer stärker.

Schüttel dich frei! Unser aller natürlicher Zustand ist es, fröhlich und gesund zu sein und uns selbst und alle anderen zu lieben und zu schätzen, so wie wir sind. Schütteln befreit Körper, Geist und Seele von Ballast und hilft uns so, in diesen natürlichen Zustand zu kommen.

Das Wunder der Selbstliebe

Wenn man sich mal so richtig ausdauernd freischüttelt (vorausgesetzt, man ist körperlich fit genug für längeres Schütteln) und man sich danach entspannt und einfach nur die Gedanken fließen lässt, können Assoziationen oder Tagträume entstehen, die uns genau zeigen, wo wir innerlich stehen und was wir noch an inneren Mustern loslassen können. Das körperliche Schütteln kann auch geistig Festgefahrenes lockern.

Wir hatten schon Seminarteilnehmer, bei denen durch diese Übung Erinnerungen hochgekommen sind, die jahrzehntelang verschüttet waren. Sie waren reif geworden zum „Pflücken". Wenn so etwas passiert, kommt es einem wie ein Wunder vor: Man hat scheinbar nur ein bisschen Muskeln geschüttelt – und dabei sind alte Kindheitsmuster abgefallen. Das liegt daran, dass unsere Seele uns immer liebt und jede Gelegenheit nutzt, sich von Altem und Unnützem zu befreien.

Allerdings geschieht die Veränderung eher selten so auffallend und spektakulär wie im obigen Beispiel. Meistens schleicht sie sich eher unauffällig durch die Hintertür herein, und dir fällt auf, dass du immer ruhiger und gelassener wirst. Ein Mensch im Dauerstress erlebt wundervolle Entspannung und Erleichterung.

„Wer sich selber *hasst*, den haben wir zu *fürchten*, denn wir werden die Opfer seines Grolls und seiner Rache sein. Sehen wir also zu, wie wir ihn zur *Liebe zu sich selbst* verführen!"

Friedrich Nietzsche

Wie sprichst du
mit dir selbst?

*B*ei uns arbeiten häufig afrikanische Au-pair-Mädchen aus Nairobi. Das Wetter in Deutschland ist für sie sehr ungewöhnlich. Im Winter ist es ihnen natürlich zu kalt, aber im Sommer ist es ihnen – große Überraschung – zu warm. In Nairobi geht die Sonne später auf und früher unter als hier. Und wenn es dann mal eine Stunde am Tag an die 30 Grad Celsius hat, dann war das schon heiß. Wenn es bei uns richtig heiß wird, kann es auch mal sechs Stunden lang 35 Grad haben. Und an den richtig heißen Tagen bleibt es auch nachts schwül-heiß, wogegen die Nächte in Nairobi immer kühl sind. Die Mädels sind darüber bass erstaunt und stöhnen, schließlich hatten sie gedacht, Kenia sei das heiße Land, und nicht Deutschland.

Einmal hatten wir ein kenianisches Au-pair-Mädchen, das hasste das deutsche Wetter, wie sie mir immer wieder versicherte. Es war ihr immer zu kalt, zu nass, zu heiß, irgendwas war stets schlecht. Eines schönen Tages jedoch war der Himmel blau bei lauen 20 Grad Celsius. Endlich, so dachte ich, wird ihr mal das Wetter gefallen. Und was war? An diesem Tag fand sie das Wetter langweilig.

Da wurde mir klar, dass es nicht am Wetter lag. Ihre Art, das Wetter zu sehen, war nur ein Spiegel ihrer inneren Kommunikation mit sich selbst. Obwohl sie grundsätzlich ein sehr nettes, fröhliches Mädchen war und wir sie alle mochten, hatte sie Tage, an denen sie sich selbst nicht ausstehen konnte. Es hatte auch keinen Sinn, ihr irgendetwas Positives sagen zu wollen, sie fand alles an sich schlecht, war sicher, dass ihr Leben sinnlos ist, keiner sie liebt und so weiter. An solchen Tagen war sie natürlich gar nicht fröhlich.

Negative Selbstansprachen

Um das „Wetter-Phänomen" zu ergründen, habe ich eine Umfrage gestartet, um herauszufinden, wie die Menschen so mit sich selbst kommunizieren. Danach wurde mir klar, wie extrem unfreundlich wir alle mitunter mit uns selbst reden. Mag sein, dass diese Gewohnheit aus unserer Kindheit und Jugend stammt, als wir von anderen kritisiert wurden, sich Mitschüler über uns lustig machten (um sich selbst aufzuwerten und um ihr eigenes geringes Selbstwertgefühl zu vertuschen) und als die ganze Welt gegen uns zu sein schien. Ändern müssen wir diese Gewohnheiten allerdings jetzt.

Meine Umfrage lautete so: „Wenn du negativ mit dir selbst sprichst, was sagst du dann beispielsweise zu dir, und wie häufig kommt es vor, dass du solche Dinge zu dir selbst sagst?"

Die Antworten waren unter anderem folgende:

- Ich Idiot.
- Ich bin unfähig.
- Ich bin ein emotionaler Krüppel (denken scheinbar viele).
- Das schaffe ich nie.

- Alle anderen schaffen es, aber ich bin zu blöd.
- Das traue ich mir nicht zu.
- Ich bin sicher, alle anderen sind besser als ich.
- Ich bin nicht liebenswert.
- Ich werde ewig allein sein, weil ich anders bin als alle anderen (guter Witz, denn das denken extrem viele von sich – und suchen immer die Nähe von Menschen, die möglichst schlecht zu ihnen passen, damit sie ihren Glaubenssatz aufrechterhalten können und bald wieder allein sind).
- Ich blöde Kuh hab schon wieder etwas falsch gemacht. Das werde ich nie lernen!
- Ich sage „ja", auch wenn ich „nein" meine, weil ich so feige bin.
- Ich schäme mich, weil ich mich so schwer entscheiden kann. Andere können das doch auch!
- Ich vertraue mir selbst nicht.

Auf die Frage nach der Häufigkeit solcher Selbstansprachen kam die Antwort: „Naja, da sind schon jeden Tag mehrere Kommentare von der Sorte dabei." So etwas nennt man negative Selbsthypnose. Jeder Gedanke erzeugt natürlich wieder ein Gefühl, das den Gedanken zu bestätigen scheint und so geht das dann immer weiter in unguten Wiederholungs- und Verstärkungsschleifen. Aber wenn man mal mit guten Freunden über die „geheime innere Kommunikation" spricht, merkt man schnell, dass alle ähnliche Sätze auf Lager haben. Das hat nichts mit Objektivität zu tun, sondern mit Ängsten und Denkgewohnheiten. Und die ändern wir jetzt, und zwar gleich.

Übung Mach dir eine Liste, wie du sein möchtest. Notiere Eigenschaften und Fähigkeiten, die du haben möchtest.

Hier einige Beispiele:

- ☛ Ich möchte mir selbst vertrauen.
- ☛ Ich möchte an meine Kraft glauben.
- ☛ Ich möchte mich selbst mögen.
- ☛ Ich möchte mutig sein.
- ☛ Ich möchte kreativ sein.
- ☛ Ich möchte in jeder Situation kraftvoll und freundlich zu mir selbst stehen.
- ☛ Ich möchte mich selbst lieben, inklusive meiner Fehler und Schwächen.

Und nun machen wir etwas genial Einfaches (ich habe den Tipp von einer Freundin, die als Coach arbeitet): Wir verwenden den ersten Wunsch von der Liste als Beispiel, nehmen also an, du möchtest dir selbst vertrauen können. Was würdest du schätzen, wie viel du dir auf einer Skala von eins bis zehn (Null gibt's nicht!) jetzt schon vertraust? Nehmen wir an, du würdest dir schon zwei Punkte für Vertrauen zu dir selbst geben. Dann notiere dir, was alles schon gut ist, woran du erkennst, dass dein Selbstvertrauen schon bei zwei ist. Halte Ausschau nach dem Positiven und stärke es, indem du es dir bewusst machst.

Wenn du alles notiert hast, überlege dir, was du bräuchtest oder tun müsstest, um auf einen Punkt mehr (in dem Fall auf drei) zu kommen.

Und so gehst du alle Wunsch-Eigenschaften oder -Fähigkeiten durch. Hinterher hast du eine wunderbare Liste mit allem, was du schon gut machst und kannst.

Selbstaussagen verändern

Nutze diese Liste als Basis für eine veränderte Kommunikation mit dir selbst. Beobachte dich: Wann immer du eine unfreundliche Kommunikation mit dir selbst bemerkst, überlege dir, wie du sie ändern könntest. Stell dir vor, du wärst dein eigenes Kind und wolltest dich selbst zu einem selbstbewussten, positiv denkenden Menschen erziehen. Wie würdest du mit dir reden?

Hier ein paar Beispiele:

➤ Alter Gedanke: „Ich Idiot." Neuer Gedanke: „Macht nichts, ich liebe mich trotzdem." Finde einen Kosenamen für dich. Wenn wieder der Gedanke „Idiot" kommt, denke: „Stimmt gar nicht, Herzi (oder Schatzi), ich liebe mich doch!"

➤ „Ich bin unfähig." Neuer Gedanke: „Ich bin fähig. Ich kann schon das und das. Wäre ja langweilig, wenn es nichts zu verbessern gäbe. Ich liebe mich so, wie ich bin."

➤ „Ich bin ein emotionaler Krüppel." Neuer Gedanke: „Wie möchte ich sein, wenn Selbstliebe und Nächstenliebe in Balance bleiben? Ich weiß, ich bin schon teilweise so. Ich mache schon das und das gut …"

➤ „Das schaffe ich nie." Neuer Gedanke: „Thomas Edison brauchte angeblich 10 000 Versuche, bis seine Glühbirne endlich leuchtete. Ich kann auch alles schaffen, wenn ich es wirklich will."

➤ „Ich bin eine schlechte Mutter (ein schlechter Vater)." Solche Gedanken haben noch aus niemandem eine bessere Mutter oder einen besseren Vater gemacht. Bestimmt hast du auch schon Vieles gut gemacht. Auch wenn dir gerade nichts einfällt, denk doch einfach mal: „Ich bin eine gute

Mutter (ein guter Vater)." Vielleicht entspannt dich der neue Satz so stark, dass du schon allein dadurch mehr Liebe zu deinen Kindern fließen lassen kannst und dich nicht mehr selbst niedermachst.

☛ Das kannst du überhaupt immer tun: Einfach mal das Gegenteil vom alten Satz denken und beobachten, was mit deinem Gefühl passiert. Wenn wir einen Gedanken oft genug denken, wird er Teil von uns, und unser Unterbewusstsein glaubt ihn. So wird auch der größte Miesepeter früher oder später bessere Laune bekommen, wenn er von sich selbst denkt: „Ich bin in Wahrheit der Welt größter Sonnenschein!"

☛ Beobachte die Veränderungen in deinem Gefühl. Experimentiere mit dir selbst. Welche Gedanken über dich selbst tun dir besonders gut?

Gute Gedanken sind heilsam

Der Gehirnforscher Joe Dispenza hat Menschen interviewt, die spontan von einer scheinbar unheilbaren Krankheit geheilt wurden. Alle Befragten hatten von heute auf morgen beschlossen, ein neuer Mensch zu werden und nie wieder dieselben destruktiven Gedanken zu denken. Ihnen allen war klar, dass sie wegen ihrer Art, auf die Umwelt zu reagieren, krank geworden waren. Nicht, weil ein anderer sie schlecht behandelte, wurden sie krank, sondern weil sie schlecht über sich selbst dachten. Nicht, weil ein anderer sie anschrie, wurden sie krank, sondern weil sie mit Angst und Panik darauf reagierten. „So nicht mehr", beschlossen sie und dachten von Stund' an völlig neu. Sie hatten die Motivation, weil sie am Abgrund standen. Sie zogen es durch und wurden gesund.

Bastele dir deine eigene positive Kommunikation mit dir selbst. Beobachte deine Gedanken und spricht ab heute freundlich mit dir. Wenn du Ermutigung brauchst, sieh dir deine Notizen durch, was du schon alles kannst und gut machst. Mit ein bisschen Willenskraft und der Einstellung, es dir selbst wert zu sein, kannst du von heute an liebevoll mit dir selbst sprechen.

Das Wunder der Selbstliebe

„Wenn ich meine gewohnten Gedanken nie wieder denke, dann bin ich doch nicht mehr ich", zweifelte eine Kursteilnehmerin, die starke Gesundheitsprobleme hatte, bevor sie mit der Übung anfing. Doch schon nach kurzer Zeit meinte sie: „Wow, ich bin immer noch ich. Aber ich bin der schönste Teil meines Ichs geworden. Aus heutiger Sicht kann ich sagen, dass ich eigentlich immer wusste, dass all diese Schönheit und Liebe in mir stecken, aber ich fand keinen Weg, sie rauszulassen und sie zu leben. Ich rede jetzt liebevoll mit mir selbst und mit anderen und fühle mich dabei mir selbst viel näher als je zuvor. Ich spüre mich viel mehr. Vorher war ich mir fremd!"

Langsame Wunscherfüllung

Nach den Kapiteln zur Langsamkeit in Verbindung mit Liebe und Selbstliebe, möchte ich auch für Leser meiner „Bestellungen beim Universum"-Bücher ein Kapitel einfügen. Denn selbst hier hat die Langsamkeit manchmal ihre Vorzüge. Klar liebe auch ich schnelle Wuscherfüllungen. Ich bin ja bekanntermaßen eine Art „Wunsch-Freak". Allerdings vertrete ich seit Neuestem die Ansicht, dass es manchmal nur langsam geht und bisweilen auch eine langsame Wunscherfüllung Spaß machen kann.

Wir leben in einer schnellen Zeit, also fangen wir mit den schnellen Wünschen an: Wenn ich etwas beim Universum bestelle und es kommt sehr rasch, dann habe ich sofort das Gefühl, dass das Universum wirklich zugehört und reagiert hat. Ich bin dann meist euphorisch und begeistert, und es macht richtig Spaß. Das ist besonders toll, wenn ich noch ganz eilig ein Geburtstagsgeschenk für jemanden suche, einen akuten Hinweis oder eine Lösung brauche, die eilt. Dann bin ich für sofortige Lieferungen immer sehr dankbar.

Einem Freund von mir ist einmal auf dem Weg zu einem Geschäftstermin mitten in einer fremden Stadt sein Auto-Navigationsgerät ausgefallen. Einen Stadtplan hatte er natürlich nicht dabei, denn als moderner Mensch vertraut er der Technik fast blind. An der nächsten Ampel bekniete er das Universum verzweifelt, das Navi wieder zum Laufen zu bringen. Das Pärchen im Wagen neben ihm sah ihm zu und musste lachen. Sie fragten, ob er Hilfe brauche. Und dann schenkten sie ihm kurzerhand ihren alten Stadtplan – sie hatten sich erst vor ein paar Tagen einen neuen, aktuelleren gekauft und den alten noch nicht entsorgt. Das Universum hatte geliefert, anders als gedacht, aber alles war gut. In solchen Fällen braucht man natürlich schnelle Hilfe, am besten sofort. Aber in manchen anderen Situationen kann eine sofortige Wunscherfüllung eher einer Strafe gleichen, auch wenn das unglaublich klingen mag. Ich kann dir dazu ein eindrückliches Beispiel erzählen.

Schnelles Geld kann schnell verschwinden

Einer meiner Leser, ein Kleinunternehmer, schrieb mir, was das Universum ihm geliefert habe: Er war hoch verschuldet gewesen und hatte sich kurzerhand gleich mehrere Millionen Euro gewünscht. Es wurden tatsächlich 2 Millionen geliefert in Form eines Megaauftrags. Nun erzählte er auf ungefähr fünf Briefseiten, was seitdem passiert war. Und am Ende des Briefes hatte er weniger Geld als je zuvor – und natürlich war das Universum schuld. Oder etwa nicht? Das wollte er von mir wissen.
Ich hatte beim Lesen den Eindruck, dass das Geld zu schnell gekommen war. Es gibt nur wenige Menschen, die die Fähigkeit besitzen, mit viel Geld spontan sinnvoll umzugehen. Immer wieder gibt es Berichte von Lottogewinnern oder Menschen, die große Summen Geld geerbt haben, die in kürzester Zeit das Geld wieder los waren und am Ende weniger

Langsame Wunscherfüllung

hatten als je zuvor, sich vielleicht sogar noch verschuldeten. Wie dieser Unternehmer hatten sie alle keine Zeit gehabt zu lernen, wie man große Summen Geld sinnvoll verwaltet, und das war ihnen allen zum Verhängnis geworden. Sie hatten keine Zeit gehabt, ihre inneren Denkgewohnheiten über Geld zu ändern. Denn Geldmangel hat häufig auch mit Angst zu tun und mit inneren Mustern von Mangel und Armut. Wer reich werden möchte, sollte erst innerlich Frieden mit dem Thema „Geld" schließen.

Denn das ist etwas, was meistens fehlt. Achte mal auf deine eigenen Gefühle, wenn du Geld erhältst. Was entspricht eher deinem Gefühl:

☛ „Ach wie schön, es kommt wieder wundervolles Geld zu mir. Ich bin dankbar für alles, was kommt, und bin sicher, dass ich es sinnvoll verwenden werde." Oder:

☛ „Immer bekomme ich so wenig. Das wird mal wieder nicht lange reichen. Ich Arme/r!"

Was denkst du tendenziell, wenn du Geld ausgibst:

☛ „Schön, dass ich die Möglichkeit habe, hierfür Geld auszugeben. Ich vertraue, dass alles Geld, das ich brauche, immer da sein wird. Möge ich das Geld immer sinnvoll und mit Liebe ausgeben." Oder:

☛ „Das ist viel zu teuer! Meine Güte, wie soll ich bloß auskommen mit meinem Geld! Ich sehe es schon wieder dahinschmelzen."

Das Problem ist, dass unser Unterbewusstsein von Gewohnheiten lebt. Es merkt sich in so einem Fall: „Jedes Mal, wenn ich mit Geld zu tun habe, macht es mir schlechte Gefühle." Das Unterbewusstsein setzt dann „viel Geld" mit „vielen schlechten Gefühlen" und „Geld ist gefährlich" gleich und versucht, das Geld wieder loszuwerden – um uns vor den schlechten Gefühlen zu bewahren.

So lange du daher innerlich nicht in Frieden mit dem Thema „Geld" bist, wird dich beim plötzlichen Eintreffen einer großen Menge Geld immer eine unsichtbare Kraft antreiben, das Geld schnellstens wieder loszuwerden. Genau das ist dem Unternehmer – aus meiner Sicht – passiert. Was dieser Herr offenbar braucht, ist eine langsame und stetige Zunahme des Umsatzes und gleichzeitig Zeit, um auf sich selbst und die innere Stimme zu hören und um neue Denkgewohnheiten zu bilden, etwa: „Ich mag Geld, ich vertraue meinem Geld. Es kommt darauf an, was ich damit mache. Geld an sich ist weder gut noch schlecht, ich hab die Fäden in der Hand ..." Oder so ähnlich. Das schnelle Geld hat ihm letztlich mehr Probleme verursacht, als die Schulden vorher.

Zum Glück gibt es jetzt auch eine Alternative: Er studiert das Selbstliebe-Buch mit Inbrunst und gelangt in einen tiefen, stabilen Kontakt zu seinem innersten Wesenskern. Wenn dann die nächsten Millionen kommen, können sie auch schnell kommen. Er wird den Kontakt zu sich selbst nicht mehr verlieren und ganz anders entscheiden. Schnelle Millionen sind nur prima, wenn du innerlich bereit dafür bist.

Neulich las ich, Robbie Williams verkaufe eine millionenteure Villa, die er erst vor einem Jahr erworben habe. Ich habe einer Freundin davon erzählt und sie meinte, das lese man von Berühmtheiten öfter. Ich habe mitunter den Eindruck, zu schnell erworbenes Geld verwirrt die Menschen emotional. Nichts gegen Fülle, aber man muss aufpassen, dass der innere Reichtum stets mitwächst. (Deswegen habe ich vor einiger Zeit extra ein Buch für wohlhabende Menschen geschrieben, einen „Shopping-Guide für inneren Reichtum". Ich dachte, je mehr gerade wohlhabende Menschen ihren inneren Reichtum ankurbeln, desto besser für die Welt.)

Liebeswünsche brauchen Zeit

Auch in Liebesangelegenheiten ist eine „Sofortlieferung" nicht unbedingt ein Segen. Das zeigt das Beispiel der 20-jährigen Tochter einer Freundin. Sie hatte fünf Jahre lang einen festen Freund, mit dem sie früher in die gleiche Klasse gegangen war. Nun war Schluss, und es sollte „sofort" ein neuer her. Sie wollte mal wieder so richtig verliebt sein und das Leben genießen. Kein Problem: Die heiße Liebe kam, es funkte auf den ersten Blick. Es funkte und funkte und glomm und glomm, dann rauchte es nur noch und mit einem letzten Puff war alles wieder aus – nach drei Wochen. Die Mutter wusste, dass ihr Kind den ersten Freund in- und auswendig gekannt hatte, mit allen seinen Stärken und Schwächen. Sie fragte ein bisschen nach, wie denn der neue so wäre. Und es wurde schnell klar, dass die beiden sich nur oberflächlich gekannt hatten. Da konnte noch keine Liebe wachsen. Liebe entsteht, wenn man den Augenausdruck, die Gestik des anderen genau kennt und weiß, was in der Tiefe seines Wesens gerade vor sich geht. Wenn man genau sieht, wann der andere aus eigenen Angstmustern heraus reagiert und wann er voll Liebe ist. Solange man das nicht weiß, weiß man gar nichts, und die Beziehung bleibt oberflächlich und ist damit schnell langweilig.

Prüfe also genau, wie deine Bestellung ans Universum oder dein Wunsch wirklich lautet. Sofort verlieben und in eine Beziehung stürzen? Jemand hat mir mal gesagt, kein Wort, das mit „ver" anfange, bedeute wirklich etwas Gutes, auch ver-liebt nicht. Verliebt ist schön, aber es wird erst gut, wenn das „ver" wegfällt und echte Liebe entsteht. Vielleicht lautet der eigentliche Wunsch: Ich möchte eine Partnerschaft mit echter Liebe.

Ich nehme in Kauf, dass die Liebe auch Zeit zum Wachsen braucht, um tiefer und stabiler zu werden. Sie darf schnell kommen, sie darf langsam kommen, ich bin für alles offen.

Ich weiß, ich muss grade reden! Manfred und ich haben uns erst vier Stunden gekannt, bevor wir darüber diskutiert haben, ob er zu mir zieht oder ich zu ihm. Es war einfach klar. Aber das Zusammenziehen nach kurzer Zeit hat auch Probleme mit sich gebracht: Wir haben uns so richtig in der Tiefe erst kennen gelernt, als wir schon zusammengewohnt haben. Das ist keineswegs immer einfach. Bei uns hat es öfter mal heftig gekracht. Ich habe oft gedacht, dass Manches ein bisschen leichter gewesen wäre, wenn wir uns mehr Zeit gelassen hätten, uns richtig kennen zu lernen. Jetzt, nach über zehn Jahren, ist es viel schöner als am Anfang, weil wir uns wirklich kennen. Ich für meinen Teil interpretiere nicht mehr so viel als „Angriff", sondern ich sehe und spüre, was wirklich in ihm vorgeht, weil wir uns gut genug kennen. Und dann sehe ich auch, dass Vieles, was ich vorher als gegen mich gerichtet gesehen habe, eigentlich Null-Komma-Null-gar-nichts mit mir zu tun hat. Mit diesem Wissen fällt es mir viel leichter, mich liebevoll abzugrenzen, wenn etwas ist.

Auf Herzenswünsche hören

Der langsamen Wunscherfüllung habe ich auch viele positive kleine Wunder während meiner Burn-out-Phase zu verdanken. Wäre ich – wie bestellt, aber nicht geliefert – auf einen Schlag wieder fit gewesen, hätte ich viele phantastische Menschen und auch Heilmethoden nicht kennen

Langsame Wunscherfüllung

gelernt. Denn meine Bestellung nach mehr Tiefe im Empfinden und Genießen des Augenblicks sowie nach mehr innerer Ruhe wurde geliefert. Das Entscheidende ist: Was wünscht mein Herz sich wirklich? Die Chinesen haben einen Fluch, der dem anderen Unglück bringen soll: „Mögen alle deine Wünsche sich erfüllen!" Dieser Fluch basiert auf dem Wissen, dass der Mensch häufig unglücklich ist, wenn zum einen kein Wunsch mehr offen bleibt und wenn es zum anderen nichts mehr gibt, wohin er streben kann. Der Fluch hat aber auch damit zu tun, dass die meisten Menschen zwischen Verstandes- und Herzenswünschen nur schwer bis gar nicht unterscheiden können. Die Erfüllung aller echten Herzenswünsche kann man locker verkraften, aber die Erfüllung aller Wünsche des Verstandes kann einen tief ins Unglück stürzen.

Auch an Kindern kann man das beobachten: Wenn alle ihre Wünsche sofort erfüllt werden, wenn sie jedes gewünschte Spielzeug bekommen, immer essen dürfen, was sie wollen, sofort alles unternommen wird, was sie fordern, werden sie eher immer unzufriedener anstatt zufriedener. Würde man nur die echten Herzenswünsche (beispielsweise den Wunsch nach Liebe, Anerkennung und Geborgenheit) erfüllen und ab und zu ein paar Verstandeswünsche, wären sie viel glücklicher. „Wunschlos glücklich" gilt also auch in diesem Fall nicht, eher „wunschlos unglücklich".

Von den Kindern kannst du auch am besten lernen, unabhängig von einer Wunscherfüllung ganz im Hier und Jetzt zu leben und dabei glücklich zu sein. Denn je kindlich unbefangener und spielerischer du mit dem Leben umgehen kannst, desto besser bist in der Lage, glücklich zu sein – sogar wenn „Der Fluch der Chinesen" dich trifft und alle deine Wünsche sofort erfüllt werden.

Übung Mach öfter mal etwas, das keinen Zweck und kein Ziel verfolgt, vielleicht noch nicht mal irgendwie sinnvoll ist. So etwas wie Steinchen am Ufer eines Sees sortieren, Blättern im Wind zusehen, selbst erfundene Glückszeichen mit einem Stöckchen in den Waldboden malen oder Ähnliches. Lass in kindlicher Weise die Seele baumeln und genieße es. Spüre dich selbst dabei. Je besser du das kannst, desto eher kommst du mit einer schnellen Wunscherfüllung klar – und desto schneller geht es übrigens auch mit der Erfüllung deiner Herzenswünsche, da du deiner Intuition viel näher bist, wenn du im Gefühl und in der Feinwahrnehmung geübt bist.

Das Wunder der Selbstliebe

Wenn du als Erwachsener auch kindlich sein kannst, erlebst du viele Wunder: Dein inneres Kind wird dich lieben für jedes zeitvergessene Spiel ohne Leistungsgedanken. Deine Seele wird durchatmen, wenn du durchatmest – und dich dafür lieben. Dein Immunsystem, dein Körper, dein Herz werden dich lieben, wenn du mal wie ein Kind ganz bei dir bist und nichts anderes wichtig ist. Denn dann können sie mal so richtig entspannen. Dein Herz und deine innere Sicht öffnen sich: Auf einmal siehst du in allem ein Wunder.

„Wenn du einen *Menschen glücklich* machen willst, dann füge nichts seinem Reichtum hinzu, sondern *nimm ihm* einige von seinen *Wünschen.*"

Epikur

Körper, Geist und Seele lieben

*E*ine psychologisch orientierte Heilpraktikerin berichtete mir kürzlich, dass sie im Grunde in ihrer Praxis überhaupt nichts anderes mache, als den Leuten Selbstliebe beizubringen. Denn Selbstliebe sei das A und O, egal um welchen Bereich es gerade gehe. Je besser es einem Menschen gelinge, sich selbst zu lieben, desto schneller gesunde er. Dabei kannst du auf körperlicher, geistiger und seelischer Ebene deine Selbstliebe gezielt aktivieren und vertiefen. Lass uns die Bereiche einmal im Einzelnen ansehen, dann zeige ich dir ein paar wirksame Übungen.

Liebst du deinen Körper?

Wie klingt es, wenn du zu dir selbst im Spiegel sagst: „Lieber Körper, ich liebe dich!" Glaubst du es dir, oder klingt es flau und unecht? Mal ganz ehrlich! „Ach, so schlecht sehe ich doch gar nicht aus. Okay, ich liebe mich ein bisschen …" Kannst du das erst zu dir sagen, nachdem du dich drei Stunden lang gestylt hast und im hübschesten Outfit, das der Kleiderschrank hergibt, vor den Spiegel trittst? Ist das die wahre, reine, bedingungslose Liebe? Heute früh fiel mir fatalerweise unter der Dusche ein, dass ich an diesem Morgen noch nichts Nettes zu mir gesagt hatte. Na, kein Problem, das holen wir doch gleich nach. Mit diesem guten Vorsatz stieg ich aus der

Dusche – noch mit Omas alter Duschhaube auf dem Kopf – und schaute in den Spiegel. Ehrlich, ich bin regelrecht zurückgeschreckt, und mir erstarb das Lächeln im Gesicht, als ich mich so sah.

„Na, was ist nun mit meiner bedingungslosen Selbstliebe?", fragte ich mal bei mir nach und linste wieder vorsichtig um die Ecke in den Spiegel. Nach mehreren Anläufen und viel gutem Zureden konnte ich dem Anblick standhalten und fand schließlich sogar einen geeigneten Satz: „Auch wenn ich die hässlichste Person auf der Welt sein sollte, liebe und akzeptiere ich mich so, wie ich bin." Und dazu lächelte ich mich freundlich an. Das sah dann so schräg aus in dieser Badehaube, dass ich nun endlich doch noch lachen konnte: „Keine Sorge, liebes Ich, ich mag mich, egal wie blöd ich gerade aussehe."

Mich überkam in dem Moment eine richtige Welle von Freude und Erleichterung, die sich in dem Satz ausdrückte: „Einfach weil ich da bin, weil ich lebe, liebe ich mich." Das ganze Theater war eigentlich nur ein Spiel mit mir selbst. Aber ich hatte den Eindruck, mein Unterbewusstsein war ehrlich betroffen, weil ich vor mir selbst zurückgeschreckt bin. Aber es zeigt sich genauso ehrlich beglückt und befreit, wenn ich mich liebe, egal wie ich aussehe.

Nach diesem kleinen Exkurs zeige ich dir ein paar Übungen, mit denen du deine Selbstliebe auf Körperebene aktivieren kannst.

Übung Atme in deiner Vorstellung der Reihe nach in alle Körperteile hinein und wieder heraus. Atme dabei in Gedanken Liebe und Dankbarkeit ein und atme alte, unfreundliche Gedanken über dich selbst und deine scheinbaren Makel aus.

➤ Wer seinen Körper liebt, der bewegt ihn an der frischen Luft. Fange mit wenigstens zehn Minuten Spazierengehen täglich an. Wichtig: Ärgere dich dabei nicht über die Zeitverschwendung, sondern gehe quasi mit deinem eigenen Körper voller Liebe und Dankbarkeit Gassi: „Lieber Körper, ich danke dir und schenke dir Zeit, frische Luft und Liebe." Atme der Reihe nach in alle Körperteile Frischluft und Liebe ein. „Danke lieber Körper, dass du für mich da bist. Ich liebe dich."

➤ Streichle deinen Körper in Gedanken von innen. Schenke allen Körperzellen von innen Liebe und Dankbarkeit. Stell dir vor, du hättest Hände, die von innen die Füße hoch bis zum Kopf alles streicheln.

Gedankliches Streicheln tritt gerade einen Siegeszug an. Das erste Mal habe ich die Übung vor 15 Jahren von meinem Tai-Chi-Lehrer gehört. In den letzten Jahren begegnete sie mir immer öfter, mal bei einem Afrikaner, zuletzt bei einem russischen Arzt. Also überall auf der Welt wird scheinbar schon von innen gestreichelt. Und jeder schwört auf die ungeheure Kraft dieser Übung. Glaub es keinem, sondern probiere es aus, dann weißt du selbst, was dein Körper davon hält.

➤ Natürlich ist auch das Streicheln von außen eine super Übung. Probier's einfach mal aus: Streichle ganz sanft und genießerisch alle Körperteile, an die du rankommst.

Liebst du deinen Geist?

Auch der Geist möchte liebevolle Zuwendung erhalten. Du kannst sie ihm geben, indem du ihn mit erbaulichen, ermutigenden und positiven

Körper, Geist und Seele lieben

Informationen und Anregungen fütterst, ebenso mit konstruktiven Gesprächen. Achte darauf, dass du vor allem morgens und abends positiv Anregendes zufütterst. Das gilt für geistige wie physische Nahrung gleichermaßen.

Morgens und abends schwer essen, tut dem Verdauungsapparat nicht gut. Denn in der Früh entgiftet der Körper noch, und am Abend fährt die Verdauungskraft schon runter (dann gammelt das späte Mahl über Nacht und fängt an zu gären). Für Körper und Geist schwer Verdauliches solltest du also am besten in der Tagesmitte zu dir nehmen. Ansonsten lieber Goethe und Wunscherfüllungs-Coachings als Krimis und Weltnachrichten (denn auch die können über Nacht ganz schön zu gären anfangen im menschlichen Unterbewusstsein).

Übung „Sei selbst das Licht, das du in der Welt sehen möchtest!" Das wäre eine gut verdauliche Affirmation für den frühen Morgen. Und wer eine Entspannungsübung vor dem Einschlafen macht, schläft tiefer, entspannter und erholsamer. Dafür kannst du auch CDs mit Musik und geführten Entspannungsübungen nehmen. Oder du führst dich selbst:

➤ Du kannst zum Beispiel rückwärts den Tag durchgehen, was alles gut war und wofür du dankbar bist. Dankbar sein kannst du für praktisch alles: die Sonne, die Luft, das Bett, in dem du schläfst. Dankbarkeit hat eine Schwingung, die immer mehr Gründe zum Dankbarsein nach sich zieht. Deshalb lohnt sich die Übung immer.

➤ Egal, welche Übung dieser Art du machst, du bist früher wieder fit, als wenn du mit dem üblichen Stress im System schlafen gehst.

Liebst du deine Seele?

Stell dir vor, du könntest mit der Zeitreisemaschine in die Vergangenheit reisen und dir selbst begegnen. Wie würde diese Begegnung wohl verlaufen? Würden sich zwei Seelenverwandte gegenüberstehen (noch seelenverwandter geht ja in Wirklichkeit gar nicht), die das Herz des anderen schlagen spüren und sich glücklich vereint fühlen? Oder würde dir dein Ich aus der Vergangenheit zurückhaltend und bewertend entgegensehen? Wenn du deinen innersten Kern, deine Seele wirklich liebst, dann ist es ganz klar, dass du dich selbst hocherfreut begrüßen würdest und dass ein liebevoller Austausch zwischen euch stattfinden würde. Würdest du dir dagegen cool begegnen, dann ist es genauso sonnenklar, wie wenig Selbstliebe und Liebe deinem Wesenskern gegenüber in deiner Seele vorhanden ist.

Übung Gehe ins Bad und begrüße dein zweites Ich im Spiegel. Schau dir tief in die Augen, auf den Grund deiner Seele, und begrüße dich selbst liebevoll. Je schnulziger, desto besser. Coolness ist völlig unangebracht beim Selbstliebe-Training. Während du dir in die Augen schaust, ist es natürlich wichtig, nicht nur die Augenfarbe oder die Struktur der Iris zu ergründen. Stell dir vor, ein neuer Mensch stünde dir gegenüber, und du versuchst am Augenausdruck zu erkennen, wie dieser Mensch ist.

Gib deinen Augen vor dem Spiegel einen Ausdruck, der den Augen im Spiegel sagt: „Hallo, ich freue mich, euch zu sehen. Ich begrüße euch von Herzen und mit viel Liebe."

➤ Alles was deine Seele nährt, stärkt auch deine Selbstliebe, besonders wenn du es im Bewusstsein der Selbstliebe tust. Mach dir eine Seelennahrungsliste, mit allem, was dir einfällt: Gedichte lesen, in die Natur gehen, ein heißes Bad nehmen, deinen Lieblingstee entspannt zu deiner Lieblingsmusik genießen, versunken in dich selbst zu deiner Lieblingsmusik tanzen oder was auch immer. Vielleicht gefällt dir ja dieses Beispiel: Geh in den Wald und schau dir die Bäume an. Keiner ist perfekt. Jeder ist irgendwie anders krumm, schief, knorrig und unperfekt. Such dir einen aus, der dir irgendwie ähnlich ist. Umarme ihn und liebe ihn so, wie er ist. Liebe auch dich selbst so, wie du bist, und stell dir vor, der Baum würde dir seine Liebe zurückgeben. Das ist eine tolle Übung, die muss man probiert haben! Auf in den Wald …

Das Wunder der Selbstliebe

Wer sich liebevoll um Körper, Geist und Seele kümmert, wird vielfach ernten: Er fühlt sich wohler in seinem Körper, mit seinem Geist und seiner Seele, und er stärkt die Verbindung zu seiner Intuition, weil er viel besser auf die kleinen und großen Eingebungen von innen hören kann. Ein typisches Beispiel dafür: Du möchtest gerade aufstehen und irgendwas tun, da schießt dir plötzlich ein Gedanke in den Kopf: „Ruf erst noch Person XY an." Du folgst dem spontanen Impuls, und es stellt sich heraus, dass der Andere auch gerade an dich gedacht hat und dich anrufen wollte. Solche kleinen Wunder häufen sich, je näher du dir selbst kommst, je mehr du mit dir selbst in Einklang bist.

Auf dem Weg zum

Selbstliebe-Profi

Vergeben
wird leichter

*W*enn die Selbstliebe wächst, dann öffnet sich unser Herz für die Welt. Wir beginnen, uns und andere Menschen wirklich wahrzunehmen und entwickeln Mitgefühl. Deshalb werden wir uns und andere immer weniger abwerten oder Schuld zuweisen. Wir spüren, wenn wir uns und anderen wehtun, wir fangen an, uns und anderen Menschen zu vergeben. Da das Thema Mitgefühl so wichtig ist, hat Manfred darüber ein eigenes Buch geschrieben: „Die 5 Tore zum Herzen" (siehe Seite 159).

Eine Seminarteilnehmerin schrieb: „Ich bin Abteilungsleiterin in einer Boutique und habe eine Mitarbeiterin, die mir gegenüber immer ganz dicke tat und mir große Freundschaft beteuerte. Und hintenherum, beim Inhaber des Ladens und den anderen Kollegen, machte sie mich schlecht und sagte, sie könne mich eigentlich nicht besonders leiden, aber als Abteilungsleiterin müsse sie halt mit mir leben. Als ich das erfahren habe, war ich so verletzt, dass ich mich rächen wollte. Ich wusste von zwei, drei ihrer Lügen und wollte diese – scheinbar versehentlich – bei den Kollegen aufdecken. Das hatte ich für die Zeit nach dem Seminar geplant.

Dann kam ich vom Seminar heim mit dem „Ich liebe mich selbst, egal was ihr alle von mir haltet"-Mantra. Je häufiger ich es zu mir selbst sagte, desto mehr verflog mein Wunsch nach Rache. Ich spürte sogar Mitgefühl und dachte, wie wenig Selbstliebe muss diese Kollegin eigentlich haben, wenn sie meint, solche Lügengebäude aufbauen zu müssen. Sie tat mir auf einmal leid, und ich konnte und wollte mich nicht mehr rächen. Mir selbst zuliebe habe ich mich aus der Scheinfreundschaft zurückgezogen und kann inzwischen die ganze Geschichte innerlich loslassen. Interessanterweise sind kurz danach einige ihrer Lügen von ganz allein aufgeflogen, und das Mitarbeiter-Team kocht das jetzt unter sich aus. Ich bin völlig draußen aus dem ganzen Ärger und habe meinen Frieden. Hätte ich das selbst ausgelöst, wäre ich mittendrin gewesen in dem Stress.

Danke für das Selbstliebe-Mantra. Ich werde es immer anwenden, wenn Streit oder Unstimmigkeiten aufzukommen drohen. Ich bin schon gespannt auf den nächsten Perspektivenwechsel, der dadurch entsteht."

Du kannst mit der folgenden Übung auch versuchen, mit Hilfe deiner Selbstliebe anderen zu vergeben.

Übung Gibt es jemanden, über den du dich öfter ärgerst, von dem du dich gedemütigt fühlst, herabgesetzt, hintergangen, schlecht gemacht, oder der versucht, dir Schuldgefühle zu machen? Falls du so einen Fall hast, denke an das störende Gefühl und überlege dir, wie unangenehm es dir auf einer Skala von eins bis zehn ist. Zehn = extrem unangenehm, eins = stört nur ein winziges Bisschen.

Beginne dann in Gedanken sanft und liebevoll zu dir selbst zu sagen: „Ich liebe mich selbst, egal ob es sonst noch einer tut. Ich bleibe mir selbst immer treu, egal was um mich herum geschieht. Ich liebe mich genauso wie ich bin. Auch wenn ich nicht alles gut finde, was ich tue, liebe ich mich immer selbst, trotz allem und mit allem was ich bin. Ich liebe mich. Fehler und Schwächen sind menschlich, sie machen meine Eigenarten aus, und ich bin gerade deshalb auch mit ihnen liebenswert. Auf alle Fälle und für immer liebe zumindest ich mich selbst."

Atme tief in deinen Bauch ein und ganz langsam wieder aus (das beruhigt und schafft Raum für mehr frischen Sauerstoff beim Einatmen). Fühle dich ganz in deinem Zentrum und liebe dich.

Denke nun wieder an die Person vom Anfang der Übung. Wie unangenehm ist das störende Gefühl jetzt auf der Skala von eins bis zehn? Hat sich etwas verändert?

Das Außen als Spiegel des Innen

Das Wachsen der Selbstliebe zeigt sich also auch daran, dass es uns in unserem Leben immer besser gelingt, anderen Menschen zu vergeben: Ihre Schrullen, ihre Macken und ihre Gemeinheiten. Wie schon beim Thema Annehmen ist auch hier das Außen ein Spiegel unseres Inneren: Wenn wir anderen Menschen Schuld zuweisen, dann zeigt das letztlich nur, dass wir selbst noch Schuld in uns verspüren. Ein Beispiel: Eine Frau findet, dass ihr Mann ständig unfreundlich mit ihr umgeht, und deshalb ist er schuld, dass sie unglücklich ist. In Wahrheit drückt sie ihre allgemeine Unzufriedenheit über viele kleine Sticheleien und versteckte Kritik aus, was ihn ärgert und unfreundlich sein lässt. Diesen Zusammenhang sieht sie aber nicht, sondern sie sieht nur die Fehler ihres Mannes.

Auf diese Art projizieren wir immer wieder unsere Schuldgefühle nach außen, wodurch wir uns selbst schwächen. Würden wir uns und anderen vergeben, würde unsere Selbstliebe wachsen und uns stärker machen.

Vergeben wird leichter

Vergebung ist also ein sehr wichtiger Baustein auf dem Weg der Selbstliebe. Man könnte Vergebung auch mit „Überwindung von Ablehnung" umschreiben. Wenn ich Vergebung übe, nehme ich das vorher Abgelehnte an, so wie es ist. Und dabei – kleiner Trick – nehme ich mich selbst an, in allen Teilen. Mit der folgenden Übung kannst du das vertiefen.

Übung Bei dieser Übung praktizieren wir ein kleines Ritual. Zuerst verbinde dich ganz mit deinem Herzen. Am besten ist, du legst dazu beide Hände auf dein Herz und spürst die Wärme deiner Hand auf deiner Brust. Dann atme ganz bewusst ein und aus, und spüre intensiv, wie deine Hände sich auf deiner Brust heben und senken.
Gehe nun in Gedanken zum Thema „Schuld". Was regt sich dabei in dir? Was möchte sich zeigen? Entsteht Wut in dir auf einen bestimmten Menschen? Zeigt sich Wut auf dich selbst, weil du vielleicht denkst, etwas falsch gemacht zu haben? Oder haderst du innerlich sogar mit dem Schicksal an sich, dem du die Schuld für Missgeschicke in deinem Leben anhängen möchtest? Was auch immer du findest, am einfachsten gehst du in diesem Ritual alle Möglichkeiten zu vergeben einzeln durch. Denn vergeben kannst du auf sechs verschiedene Arten:

☛ „Ich vergebe mir die Schuld, die mir selbst bewusst und bekannt ist."

☛ „Ich vergebe mir die Schuld, die mir unbewusst ist und in mir schlummert."

☛ „Ich vergebe anderen die Schuld, die ich ihnen bewusst gebe."

☛ „Ich vergebe anderen die Schuld, die ich ihnen unbewusst gebe."

☛ „Ich vergebe auch der höchsten Instanz (Universum oder Gott) die Schuld, die ich ihr bewusst gebe (etwa für Probleme in meinem Leben)."

➤ „Ich vergebe auch der höchsten Instanz (Universum oder Gott) die Schuld, die ich ihr unbewusst gebe."

Finde bei dieser Übung deine eigene Formulierung. Was zählt, ist die Absicht. Je stärker du mit deinem Herzen verbunden bist, umso besser wird es dir gelingen zu vergeben, etwa: „Ich vergebe mir meinen Trotz. Ich möchte mir jetzt von ganzem Herzen meinen Trotz vergeben. Ich vergebe mir auch alles, was ich mir unbewusst vorwerfe."

Oder: „Ich vergebe XY, dass er böse über mich gesprochen hat. Ich möchte jetzt aus ganzem Herzen XY vergeben. Ich vergebe allen Menschen, was ich ihnen unbewusst vorwerfe."

Und: „Ich vergebe dem Schicksal oder dem Universum, was ich ihm bewusst oder unbewusst vorwerfe. Ich möchte ihm jetzt aus ganzem Herzen vergeben."

Das Wunder der Selbstliebe

Selbstliebe geht immer Hand in Hand mit der Öffnung des Herzens. Wenn das Herz sich öffnet, wächst parallel auch die Selbstliebe. Und diese Liebe zeigt sich dann in allen Facetten, die Liebe haben kann, wie ein bunter Strauß: Mitgefühl, Annehmen, Vergebung, Erfüllung. Wenn du dich selbst liebst, klingen Worte, die vorher wie Angriffe klangen, nur nach einer anderen Meinung. Wenn du dich selbst liebst, verwandeln sich Rachegelüste in Mitgefühl. Wenn du dich selbst liebst, geschieht Versöhnung von allein.

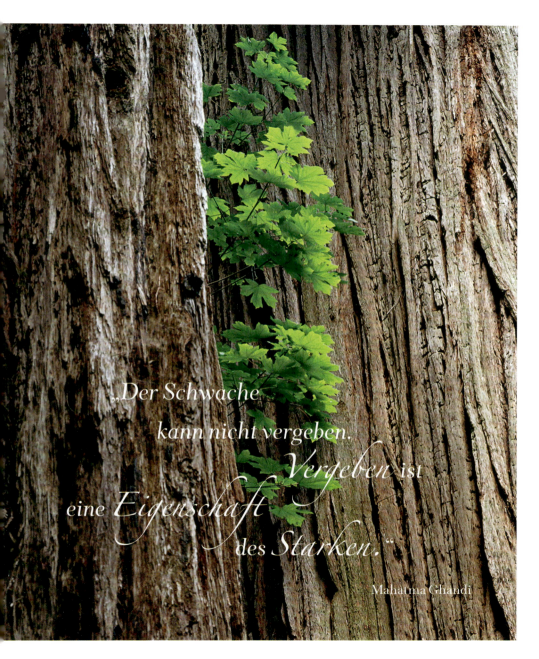

Der Klang
der Selbstliebe

Ob eine Musik Menschen gefällt, liegt nicht nur daran, ob der Musiker den Ton trifft, sondern vor allem daran, wie er den Ton trifft – mit welchem Gefühl. Singt er einen Song nur so herunter, zwar technisch perfekt, aber ohne Herz, wird er das Publikum nicht vom Hocker reißen. Ein anderer Sänger mag die Töne nicht immer treffen, aber er singt voller Gefühl – und es kann sein, dass das Publikum tobt vor Begeisterung. Denn nicht nur der Ton wird transportiert, sondern auch die Gefühle schwingen mit. So funktioniert nicht nur Musik, sondern jede Art von Kommunikation. Das heißt, wir outen uns auf der unbewussten Kommunikationsebene immer total. Das Unbewusste meines Gegenübers weiß also immer, ob ich mich selbst liebe oder nicht – das hört es aus dem Klang meiner Stimme heraus.

Diesen Effekt können wir auch an uns selbst beobachten: Wenn wir uns in Gesellschaft bestimmter Menschen nicht wohlfühlen oder unter Druck stehen, sprechen wir nicht mehr mit unserer natürlichen Stimme, sondern verändern die Stimmlage. Das ist eine spannende Sache. Zum Beispiel machen wir unsere Stimme ein klein bisschen tiefer als sie natürlicherweise ist, damit man uns den Stress oder eine emotionale Verletzung nicht anhört. Und in dieser künstlichen Stimmlage können wir uns so kontrollieren, dass wir „gelassen" klingen.

Der Klang der Selbstliebe

Bei mir selbst habe ich den Eindruck, dass ich beispielsweise bei Vorträgen fast immer meine „eigene" Stimme benutze, bei Konfliktgesprächen mit Einzelpersonen dagegen fast nie – und auch nicht bei Personen, die mich grundsätzlich stressen oder anstrengen. Einmal habe ich mich selbst dabei ertappt, wie ich wieder so eine unnatürliche Stimmlage anschlug, und habe versucht, die Tonlage meiner natürlichen Stimme zu finden. Doch auch nach mehreren Anläufen war meine Stimmlage noch zu hoch. Mein Gegenüber sah mich besorgt an und holte mir ein Glas Wasser, weil er dachte, ich hätte einen Frosch im Hals. Peinlich, peinlich …

Ich bin dann umgeschwenkt auf das Mantra (natürlich nur in Gedanken!): „Ich liebe mich und erlaube mir, geliebt zu werden. Was du von mir denkst, hat keinen Einfluss auf meine Selbstliebe und die Erlaubnis geliebt zu werden." Nach wenigen Minuten hatte sich meine natürliche Stimmlage von ganz allein wieder eingestellt, und noch ein paar Minuten später sprach auch mein Gesprächspartner mit einer veränderten Stimme. Auch er klang auf einmal netter und entspannter. Ganz offensichtlich hatte er den gleichen Stress mit mir gehabt wie ich mit ihm, und wir hatten uns beide verstellt.

Natürlicher Sound

Wenn wir unsere Stimme verstellen, versuchen wir, jemand anderes zu sein als wir sind. Wir verstecken uns hinter Klängen, die dem anderen verbergen, wer wir wirklich sind. Das ist eigentlich schade, denn die natürliche Stimmlage ist der Klang der entspannten Selbstliebe:

- Er steckt an und
- erzeugt eine natürliche Atmosphäre,
- stärkt die Verbundenheit mit anderen,
- erhöht dein Wohlgefühl,
- entspannt dich und dein Gegenüber,
- wirkt laut meiner Heilpraktikerin sogar stärkend auf das Immunsystem
- und bewirkt auch eine Tiefenentspannung, die den Zugang zur Intuition verbessert. (Wenn du häufig mit einer Stimme redest, die dir selbst und deinem Unterbewusstsein fremd ist, dann entfremdest du dich von dir selbst und deiner Intuition.)

Mit dem Klang der Selbstliebe in der Stimme geht es dir besser, es fällt dir leichter authentisch zu sein, und du hörst die Stimme deiner Intuition besser. Dieser natürliche Klang ist automatisch stabil, wenn deine Selbstliebe stabil ist. Aber du kannst auch umgekehrt über das bewusste Beobachten und Einsetzen des Klangs deiner Stimme die Selbstliebe stärken. Das ist ähnlich wie mit der Atmung: Wenn du entspannt bist, atmest du automatisch ruhig. Solltest du aber gestresst sein, kannst du über bewusstes Atmen den Stress wieder loslassen und zurück zur Entspannung finden.

Tipp Wenn du jemand bist, der sehr viel und häufig mit einer „Selbstschutz-Stimmlage" spricht, dann kannst du am leichtesten im Gespräch mit kleinen Kindern oder Tieren deine natürliche Stimmlage wiederfinden. Das kann auch ein Marienkäfer sein. Wichtig ist, dass es ein Tier ist, das dir lieb und harmlos erscheint.

Der Klang der Selbstliebe

Wenn du umgekehrt wissen willst, wie du klingst, wenn du einen unnatürlichen Tonfall hast, dann kannst du dich ja mal im Zoo vor ein Fenster hocken, hinter dem ein gelangweilter Tiger liegt. Dann versuche mal, dem Tier durch gutes Zureden eine Geste der Warmherzigkeit zu entlocken. Du wirst allerlei seltsame Tonlagen bei dir hören können – während zig andere Zoobesucher sich fragen, ob es dir wohl noch ganz gut geht.

Und falls dir dann auffällt, dass du mit deinem Chef im selben Tonfall redest wie mit dem Tiger, dann stell dir doch beim nächsten Gespräch mit ihm vor, er wäre ein süßer kleiner Marienkäfer und würde sich gerne von dir mit Blättern füttern lassen. Bestimmt klingst du dann entspannter, und der Chef hört dir mit mehr Freude zu.

Übung Beobachte dich selbst, wie du sprichst und wie deine Stimme klingt, wenn du mit Freunden, Verwandten, Kindern, Kollegen, geliebten oder ungeliebten Personen, eng Vertrauten oder völlig Fremden sprichst. Entdecke deine ureigene natürliche Stimme und setze sie bewusst ein, um eine natürliche Atmosphäre zu erzeugen. Wenn es nicht gleich klappt, versuche es in Gedanken mit dem Mantra „Ich liebe mich und erlaube mir, geliebt zu werden" und beobachte, ob es dir mit der Zeit leichter fällt, bei deiner natürlichen Stimmlage zu bleiben.

Dichte dir selbst ein kleines „Ich-liebe-mich-Mantra". Wähle einen Text, der dir Spaß macht und die kindliche Freude in dir aktiviert. Der Satz kann ganz brav, verrückt oder vogelwild sein, so wie es halt zu dir passt. Kümmere dich nicht darum, ob das Lied bei anderen einen guten Eindruck machen würde oder ob es professionell ist – einzig deine Freude dabei zählt. Hier drei Beispiele:

„Ich liebe mich,
so wie auch dich,
Liebe, die macht Spaß
und ich freu mich so."

„Alles an mir ist wunderbar,
ja, das ist sonnenklar.
Ich erlaube mir,
ganz zu mir zu steh'n."

„Mit viel Herz und Mut und Kraft,
ist mein Leben eine Pracht.
Ich mag mich und ich mag dich,
denn ohne Liebe geht es nicht."

Dichte so individuell wie möglich. Finde einen Satz, der wirklich zu dir passt und dich berührt. Und dann singst du einfach drauflos, mit einer erfundenen Melodie. Wie wir wissen, müssen weder Takt noch Töne stimmen, um dich und dein Unterbewusstsein positiv zu berühren. Tanze dazu wild und schräg oder langsam und ordentlich, einfach so wie du bist, nur für dich. Und der wichtigste Teil der Übung: Lass deine Stimme so klingen, wie sie klingt, wenn alles in deinem Leben perfekt ist. Bewege deinen Körper so, wie du dich bewegst, wenn du glücklich und entspannt bist. Viele unserer Seminarteilnehmer haben schon erfahren, dass ein paar Minuten voll abtanzen und singen gute Laune für Stunden gibt – vorausgesetzt sie überwinden ihre Hemmungen.

Wenn der innere Schweinehund stört

Manchmal bremst der innere Schweinehund unsere Feierlaune und sorgt dafür, dass wir doch nicht so ganz frei und motiviert singen und tanzen können. Schwingt noch immer Zweifel mit in deiner Stimme und deinen Bewegungen? Dann ist es an der Zeit, mal ein ernstes Wort zu sprechen: „Lieber Schweinehund, es ist ja okay, dass es dich gibt, und du auch mal was sagen willst. Aber es wird ja wohl möglich sein, dass du für wenigstens fünf Minuten die Klappe hältst und dich verziehst – und zwar total und sofort! Du verschwindest jetzt, hinfort mit dir!"

Und dann steckst du deine ganze Kraft in deine Stimme und deine Bewegungen, bis du dich völlig frei fühlst. Vielleicht musst du erstmal ziemlich wild werden, bis der Schweinehund wirklich komplett verschwunden ist. Aber auch wenn du es nur drei Minuten lang schaffst, wird es eine immense Wirkung auf dein Unterbewusstsein haben. Möglicherweise wacht es völlig verdutzt auf und sagt: „Was, was, was, hab ich etwas verpasst? Haben wir das große Los gezogen, oder was? Alles klar, ich bin dabei: Ich stelle sofort alles in der Körperchemie, den Hormonen und dem Immunsystem um auf glücklich, glücklich und nochmals glücklich. Ach ja, noch was: He Intuition, du kannst wieder rauskommen aus deinem Schneckenhaus. Hier geht die Party ab. Du kannst gleich loslegen mit dem Aussuchen toller Gelegenheiten für noch mehr Freude und Selbstliebe, yeah!"

Wenn der Schweinehund erstmal weg ist, kommt er in der Regel so schnell nicht wieder. Und sollte er wieder auftauchen und nerven, kannst du ja noch eine Runde abtanzen. Hauptsache, er macht mit seinen Zweifeln mal Pause, damit deine Stimme kraftvoll und froh klingt. Denn je öfter du den Klang und die Bewegung der Selbstliebe einsetzt, desto tiefer verankerst du die Selbstliebe in dir und desto mehr wächst sie.

Das Wunder der Selbstliebe

In Lachyoga-Clubs ist eine Weisheit des Inders Dr. Madan Katara sehr bekannt: „Wir lachen nicht, weil wir glücklich sind, sondern wir sind glücklich, weil wir lachen."

Eine Bekannte von mir, die Psychiaterin ist, hat Tests an schwer depressiven Menschen gemacht und diese zweimal täglich fünf Minuten künstlich die Mundwinkel so weit hochziehen lassen, wie sie nur konnten. Sie konnte daraufhin die Menge an antidepressiven Medikamenten fast sofort auf die Hälfte reduzieren. Das klingt wie ein Wunder.

Du kannst dein eigenes Wunder steigender Lebensfreude entdecken, indem du dich immer wieder grundlos freust.

Stabil in deiner eigenen Energie

Neulich las ich einen Artikel, in dem ein englischer Heiler berichtete, er habe in den letzten zehn Jahren nur drei Menschen getroffen, die sich zu mehr als 30 Prozent in ihrem eigenen Energiefeld aufhielten. Zur Vermeidung von Schmerz, Verletzung, Verlust und Enttäuschung würden die meisten Menschen die Energien ihrer Eltern, Partner, Kollegen, Nachbarn, Autoritätspersonen und anderer in sich aufnehmen und ihre eigene dafür hintanstellen. Diese Aussage fand ich erschreckend. Obwohl es eigentlich kein Wunder ist, weil so viel Tumult auf der Erde herrscht und weil sich jeder an irgendjemandem orientiert, nur nicht an der eigenen Wahrheit. Und die, an denen sich jeder orientiert, sind ja ihrerseits genauso wenig stabil in ihrem eigenen Energiefeld. Im Gegenteil, sie orientieren sich an anderen instabilen Personen.

Falls der Heiler auch nur annähernd richtig liegt, würde das bedeuten, dass sich Heerscharen von instabilen Menschen an Heerscharen von anderen instabilen Menschen orientieren, die ihrerseits genau das Gleiche tun. Jeder hofft, dass der andere mehr weiß, dass er stabiler und sicherer ist als man selbst – nicht ahnend, dass auch er nur deshalb so laut auftrumpft, damit niemand merkt, dass er genauso instabil ist wie der Rest. Da denke ich an ein Mädchen aus meinem Bekanntenkreis. Sie macht gerade die Mittlere Reife und weiß noch nicht, was sie danach tun soll.

Die Mutter drängt zu diesem, der Vater macht Druck, es müsse unbedingt jenes sein, und der Lehrer redet sich den Mund fusselig, weil er wieder etwas ganz anderes für das Richtige hält. Ich habe das Kind zur Berufungsberatung bei einer Bekannten geschickt. Die rief mich an und sagte, man könne mit dem Mädel nicht wirklich arbeiten. Es wäre so entfremdet von sich selbst, dass man vermutlich erst mal ein ganzes Jahr bräuchte, bis sie sich selbst wieder soweit spürt, um sich die entscheidenden Fragen zu beantworten: „Was kann ich, was will ich, was traue ich mir zu, was macht mir Spaß?" Das Mädchen sei es gewohnt, sich nur eine Frage zu stellen: „Wie muss ich mich verbiegen, damit mich alle anderen okay finden?" Im Moment wollen sie aber drei verschiedene Leute in drei verschiedene Richtungen drängen, und egal, wie sie sich entscheidet, sie würde zwei davon verärgern. Dieser Gedanke mache ihr große Angst – und dabei sich selbst zu spüren, könne man ihr nicht beibringen. Da sei erstmal Basisarbeit in Sachen „Selbstliebe" nötig.

Auf sich selbst hören

Womit wir wieder beim Thema wären, denn stabil in sich selbst zu sein bedeutet:
- sich selbst zu lieben,
- das eigene Selbst zu würdigen,
- sich mit seinen Eigenarten und Eigenheiten zu respektieren,
- sich zu unterstützen bei der Selbstentfaltung,
- jederzeit den Zugang zur eigenen Wahrheit zu haben,

- angstfrei zur eigenen Wahrheit stehen zu können,
- das Geziehe und Gezerre von anderen mit Verständnis und Mitgefühl sehen zu können, ohne dabei die eigene Wahrheit aus den Augen zu verlieren,
- sich selbst und die eigene Motivation jeden Moment erspüren und hinterfragen zu können – ohne dabei jemals die Selbstliebe zu verlieren.

Nehmen wir an, du ertappst dich bei einer ganz typischen, uralten Selbstblockade, einem Verhaltensmuster, das dir schadet. Dann kannst du alles schlimmer machen, indem du dir vorwirfst: „Mein Güte, du Depp, wie oft willst du den Blödsinn noch machen?" Du kannst aber auch denken: „Aha, jetzt bin ich also wieder in diesem Muster, in dieser ungünstigen Verhaltensweise gelandet, das ist ja interessant. Aber natürlich hindert mich das in keiner Weise, mich selbst zu lieben. Mal sehen, was möchte ich jetzt tun in dieser Situation? Womit komme ich am ehesten wieder in Fluss? Was ist jetzt das Richtige, um mich wieder rund, ganz und gesund zu fühlen?"

Indem du liebevolle neue Gewohnheiten im Verhalten dir selbst gegenüber etablierst, wirst du stabiler. Und ebenso durch lauter kleine Momente, in denen du dich annimmst und würdigst, egal was du da grade wieder an dir selbst beobachtest. Versuche dabei, spielerisch mit dir umzugehen!

Nicht ablenken

Apropos spielerisch: Ich hatte kürzlich mit mir selbst ausgemacht, am Abend unbedingt noch meditieren zu wollen, hatte dann aber Null Bock dazu. Ich wollte lieber eine Schnulzenkomödie auf DVD ansehen. Also habe ich meine innere Weisheit gefragt, ob es eine Möglichkeit gäbe, eine Komödie so anzusehen, dass sie quasi einer Meditation gleich käme.

Mir kam sofort eine Idee: Ich wollte beim Gucken jedes noch so kleine Gefühl, das in mir aufkeimt, genauestens ansehen, bis in die Tiefe erspüren und es als Gelegenheit nutzen, um versteckte Motivationen oder verdrängte Gefühle ans Tageslicht zu bringen. Dazu wollte ich jedesmal die Pausentaste drücken und erst das Gefühl bis in die Tiefe erkunden, bevor ich weitergucke.

Klasse Idee, das habe ich doch gleich gemacht – und für die ersten fünf Minuten Film etwa eine Stunde gebraucht. Es war quasi nur der Vorspann, und ich bin schon durch „Angst vor schlechten Gefühlen anderer", „Angst vor Schimpf und Schande" und was alles noch gegangen. Das war mir zu viel „Psycho" für den Abend – und zu anstrengend. Also bin ich doch lieber meditieren gegangen. Dabei kam mir zwar kurz die Frage in den Sinn, ob es sein kann, dass man reingelegt wird vom eigenen höheren Selbst, und ob da irgendwo ein anderer Teil von mir sitzt und mich auslacht … Aber der Gedanke verflog dann wieder, und ich fuhr mit meiner Stillemeditation fort.

Du siehst, du musst nicht gleich dein ganzes Leben umstellen, um mehr Selbstliebe zu entwickeln. Egal was du tust, bei jeder noch so profanen Tätigkeit hast du immer die Wahl: Du kannst dich von dir selbst ablenken und bis zum Abwinken Energien von außen aufnehmen, die du dann für wirklicher hältst als deine eigene Wahrheit. Oder du kannst dich selbst wahrnehmen, würdigen und bis in die Tiefe spüren – egal, wo du gerade bist und was du gerade tust.

Liebe zieht Liebe an

Einmal fuhr ich nach ausgiebigen Selbstliebe-Übungen mit der S-Bahn in die Stadt. Es war voll wie immer. Normalerweise setzen sich die Leute mit einem muffligen, abweisenden Gesicht neben einen und gucken schnell weg, wenn man versucht, sie freundlich anzulächeln oder gar „hallo" zu sagen. An diesem Tag setzten sich nur lächelnde und höflich grüßende Leute neben mich. Ich musste umsteigen, und es passierte in beiden S-Bahnen. Ich habe mich später darüber mit einer kleinen Meditationsgruppe unterhalten, und alle kannten das Phänomen: Liebe zieht Liebe an. Die „Stinkmorchel" setzt sich woanders hin, wenn du Liebe ausstrahlst. Es funktioniert eigentlich ganz einfach:

➤ Je mehr und stabiler du in deiner Selbstliebe und Selbstwürdigung bleibst, desto mehr liebevolle Menschen und Situationen ziehst du an.

➤ Je mehr Liebe du hast, desto mehr kannst du geben: Du kannst andere entweder anstecken, oder du bleibst emotional stabil und ruhst in dir, auch wenn ein anderer unfreundlich ist.

➤ Du wirst umso stabiler, je öfter du in dich hineinhorchst und liebevoll mit dir selbst umgehst – egal was du dabei findest. Befrage dich selbst: „Mal sehen, was möchte ich in dieser Situation tun? Womit komme ich am ehesten energetisch und emotional in Fluss? Was ist jetzt richtig im Sinne einer gesunden Ganzheitlichkeit?"

➤ Liebe dich selbst, egal ob du dich gerade bei guten oder schlechten Gedanken ertappst.

➤ Würdige deine Individualität, respektiere dich selbst und trainiere neue Gewohnheiten.

Übung Wann immer dir auffällt, dass du gerade drauf und dran bist, dich von der Wahrheit eines anderen aus dem Gleichgewicht bringen zu lassen, halte inne und sprich in Gedanken mit dir selbst. Finde deine eigenen passenden Sätze. Hier ein paar Beispiele:

☛ Auch wenn du mich nicht magst, liebe ich mich selbst so, wie ich bin.

☛ Auch wenn du überzeugt bist oder es den Anschein hat, dass ich alles falsch mache, liebe ich mich. Ich erlaube mir, meinen eigenen Weg zu gehen.

☛ Ich bin zuallererst der Wahrheit meines Herzens verpflichtet.

☛ Ich wünsche dir, dass es dir immer gelingt, der Wahrheit deines Herzens zu folgen. Und ich wünsche dir, dass es dir gut geht, wenn ich der Wahrheit meines Herzens folge, auch wenn sie nicht deiner entspricht. Wenn es dir dabei schlecht geht, fühle ich mit dir, es tut mir leid für dich, aber ich bin mir wichtig. Ich lebe meine Wahrheit, nicht deine.

Du kannst auch abends vor dem Einschlafen in Gedanken den Tag Revue passieren lassen und überlegen, ob du zufrieden mit dir bist. Wie gut ist es dir gelungen, dich selbst zu spüren, zu dir zu stehen und deine Wahrheit zu leben? Wenn dir in der Hektik der einen oder anderen Situation nicht eingefallen ist, was deine Wahrheit gewesen wäre, nimm dir jetzt die Zeit, spür in dich hinein und finde es hinaus. Vielleicht lässt du einen Film vor deinem inneren Auge ablaufen, in dem du dich so verhältst, wie du es gerne getan hättest.

Je öfter du dir Zeit für dich nimmst, desto stabiler wirst du in dir ruhen, desto mehr wirst du dich in deinem eigenen Energiefeld aufhalten. Und du wirst eine erstaunliche Entdeckung dabei machen: Die anderen, derentwegen du dich vorher verbogen hast, werden oft gar nicht verärgert sein, sondern sich ungeheuer angezogen fühlen von deiner neuen Kraft und deiner Ausstrahlung. Nimm dir Zeit und lausche deiner ganz persönlichen Wahrheit.

Das Wunder der Selbstliebe

Auch ein emotional instabiler Mensch, der ungern Entscheidungen trifft, sich mit seiner Meinung manchmal wie das Fähnlein im Wind dreht und leicht verwirrt oder erschöpft ist, kann zu einem emotional stabilen Fels in der Brandung werden: Eine solche Stabilität erwächst aus der Wahrheit des Herzens, aus Selbstliebe und aus Respekt vor sich selbst.
In diesem Sinne kannst du dir selbst versichern, dass du immer richtig liegst, wenn du dir besonders von den Menschen, die viel Druck und Aufhebens um etwas machen, nichts aufschwatzen lässt. Steh zu dir. Nimm dir die Zeit, dein Herz zu befragen, um deine eigene Wahrheit herauszufinden. Dann kann das Wunder geschehen, und aus einer windgebeutelten Fahne wird ein gelassen in sich ruhender Fels in der Brandung.

Kannst du gut allein sein?

Gerade las ich in der Zeitung von einem jungen Starlet, dass es diverse Drogen nehme, keine Sekunde allein sein könne, ständig einen Tross Leute hinter sich herschleppe und von einer Party zur nächsten ziehe. Angeblich will die junge Frau sich selbst umbringen, weil sie für 30 Tage ins Gefängnis soll. Und allein die Vorstellung, in der Zeit ganz allein, ohne Partys und ohne Alkohol zubringen zu müssen – das packe sie nicht. Ich lebe auch gern und mit großer Freude in Freiheit, aber 30 Tage Ruhe von allem, mit Meditation, Yoga ..., also sooo schlimm fände ich das jetzt auch wieder nicht. Auf jeden Fall noch kein Grund, mich deswegen umzubringen. Aber ich habe versucht, mir vorzustellen, ich wäre an der Stelle des Starlets: Was würde in mir vorgehen?

Im Film wäre ich stets die Heldin, aber insgeheim würde ich denken: „Ich bin doch überhaupt nicht so toll und makellos wie die Heldinnen, die ich spiele. Die Leute verwechseln mich mit der Heldin. In Wahrheit bin ich eine Versagerin, ich bin nicht so stark wie die Mädchen im Film ...“ Ich hätte Null-Komma-Null Selbstliebe und deswegen hielte ich mich selbst nicht aus. Ich könnte mich nicht lieben, weil ich dem Bild der Allgemeinheit von mir nicht genügen würde. Ich fühlte mich als Versagerin, als das Letzte – aber keiner dürfte es wissen. Deshalb brauchte ich ständig „Star-Rummel" um mich, denn dann müsste ich meine Versagensängste

nicht spüren. Eigentlich wäre ich gern wie die Heldinnen, die ich spiele. Aber da wäre auch ein Teil in mir, der sich dagegen sträubt, weil ich dann dächte: Das ist doch nur geschauspielert, das ist doch nicht mein wahres Ich. Also würde ich krampfhaft versuchen, anders zu sein.
Für das Starlet wäre es ein Segen zu lernen, sich selbst zu lieben. Denn dann wäre das alles vollkommen uninteressant: Ob sie so ist wie in ihren Filmrollen oder nicht – egal. Sie kann alles ausprobieren, und die Meinung der anderen wäre ihr schnurz. Hauptsache das, was sie tut, ist gut für sie selbst. Voraussetzung dafür ist allerdings, dass sie ihrem Herzen zuhört. Denn das hat sie noch nicht so richtig geübt in ihrem Leben. Dazu braucht sie nämlich erstmal ganz viel Zeit für sich selbst.

Allein sein will gelernt sein

Menschen sind unterschiedlich. Manchen fällt es leicht, allein zu sein, anderen nicht. Die einen müssen das Alleinsein erst erkunden und üben, andere müssen soziale Fähigkeiten lernen, weil sie zu viel allein sind. Mit sich selbst allein sein bedeutet natürlich nicht, zu Hause zu sitzen und dann im Web zu surfen. Mit sich selbst allein sein bedeutet, sich ohne Ablenkung wirklich auf das eigene Innere zu konzentrieren und sich selbst näher kennen zu lernen. Denn wie will man jemanden lieben, den man kaum kennt? Jede Liebe und jede Beziehung gewinnt an Tiefe und Schönheit, je besser man den anderen kennen lernt. Das Gleiche gilt auch für die Selbstliebe. Also sieh zu, dass du dich selbst gut kennen lernst, damit du die Liebe zu dir in aller Intensität genießen kannst.

Kannst du gut allein sein?

Übung   Für Anfänger im Alleinsein

➤ Du kannst noch nicht so gut allein sein? Kein Problem: Schließ dich drei Minuten im Bad ein, blicke in den Spiegel und schau dir in die Augen. Wer bist du? Kannst du den „Kern der Liebe" in dir selbst entdecken? Wie drückt sich die Liebe in dir aus?
➤ Dann schließ die Augen und spür dich selbst: Was geht in diesem Augenblick in dir vor? Wer bist du und wie bist du?
➤ Danach kannst du dich wieder ins Getümmel stürzen.
Wiederhole die Übung täglich. Erhöhe dabei langsam die Dosis.

Übung   Für Fortgeschrittene im Alleinsein

Für dich ist es kein Thema, allein im Biergarten zu sitzen, auch wenn dich dann ein paar Leute mitleidig mit dem „Aha, wohl Single!"-Blick anstarren? Das interessiert dich nicht, die sollen sich mal um ihren eigenen Kram kümmern? Super, dann kannst du sicher auch gleich loslegen mit einsamen Spaziergängen in der Natur und dich dabei fragen: Wie fühle ich mich an diesem Platz, mit diesem Baum, auf dieser Lichtung? Was spüre ich an diesem See, im Wind, im Regen? In der Natur kann man besonders gut in sich selbst hineinfühlen. Und wenn du einen Lieblingsplatz findest, kannst du ja ein Notizbuch dahin mitnehmen (falls du so etwas magst), und deine Erkenntnisse über dich notieren.
Du kannst dir auch zu Hause einen „Ich-genieße-mich-selbst-Kuschelplatz" schaffen und ab und zu mal ein „Ruhe bitte"-Schild an die Tür hängen, damit dich keiner stört.

Übung — Für Profis im Alleinsein

Natürlich gibt es auch Menschen die allein leben und öfter allein sind als ihnen lieb ist. Ganz offensichtlich halten sie das Alleinsein irgendwie aus. In dem Fall ist aber die Frage: Verbringst du nur quantitativ viel Zeit mit dir selbst, oder ist diese Zeit auch qualitativ hochwertig? Wie nutzt du die Zeit des Alleinseins? Nutzt du sie überhaupt? Was tust du, um deine inneren Qualitäten und deine Selbstliebe zu stärken? (Na, zum Glück bietet dieses Buch ein paar Übungen.) Tust du dir selbst Gutes? Sieh es so: Ein Mensch, der allein lebt, hat sehr viel Zeit, um aus sich einen Kristall zu formen, der in die Welt hinausstrahlt. Hadere nicht mit deiner Situation, sondern nutze deine Zeit, um deine Selbstliebe zu vertiefen, vielleicht auch, um dir selbst Liebesbriefe zu schreiben. Das macht viel mehr Spaß, als zu schmollen!

Das Wunder der Selbstliebe

Für einen Menschen mit Selbstliebe bedeutet Alleinsein, also all-ein-sein, eins mit allem zu sein. Er sieht und fühlt ganz viel Schönheit und Freude darin. Für einen Menschen mit Selbstliebe bedeutet einsam sein: ein Same zu sein, ein Same im bunten Garten der Schöpfung. Die Zeit des Einsamseins ist eine Zeit der Selbstentdeckung, der Reflexion: Was möchte ich als Nächstes säen?

Unverzichtbar: Frieden mit den Eltern

»Also wenn du wüsstest, wie meine Eltern sind, würdest du nicht verlangen, ich solle Frieden mit ihnen schließen!" Das oder Ähnliches habe ich schon öfter zu hören bekommen. Und ich kann es verstehen, es gibt da echte Härtefälle. Die Sache hat nur einen Haken: Rein genetisch bestehst du zu 100 Prozent aus deinen Eltern (halb Mutter, halb Vater). Und du trägst auch das energetisch-geistig-emotionale Erbe in dir, ob du willst oder nicht. Wenn du im Unfrieden mit deinen Eltern bist, lehnst du einen viel zu großen Teil von dir ab. Du kannst aber nicht gleichzeitig deine Eltern ablehnen und dich selbst lieben.

Bei einer meiner Veranstaltungen kam ein Pärchen auf mich zu und erzählte von seinem Problem: Die Frau hatte seit ewigen Zeiten Stress mit ihrem Vater, und der Mann hasste seine Mutter. Das Paar war seit zwei Jahren zusammen und beobachtete, dass der Mann dem Vater der Frau, und die Frau der Mutter des Mannes in ihrem Verhalten immer ähnlicher wurden. Sie meinten, so wäre das am Anfang nicht gewesen, und beide waren verzweifelt. Ich empfahl ihnen die Übung, die ich dir unten vorstelle: Sie sollten sich beide in die Mutter des Mannes und später in den Vater der Frau versetzen und sich vorstellen, sie hätten deren Leben gelebt. Anschließend sollten sie sich gegenseitig befragen, wie es ihnen damit erging. Beide Partner haben das offenbar mit Inbrunst gemacht und sich später noch einmal bei mir gemeldet: Sie hatten nach der Übung mehr Verständnis für ihre Eltern, waren froh, dass sie deren Leben nicht hatten leben müssen und konnten ihnen leichter vergeben. Die Frau schloss sogar Frieden mit ihrem Vater. Der Mann wollte seine Mutter zwar auch weiterhin nicht sehen, aber er hegte keinen Groll mehr gegen sie. Und ab diesem Tag hörte er auf, sich wie ihr Vater zu benehmen, und sie hörte auf, sich wie seine Mutter zu verhalten. Der Unfrieden im Herzen hatte beide dazu getrieben, den anderen auf genau die richtige Weise zu provozieren, so dass der sich benahm wie der eigene ungeliebte Elternteil. Warum passiert so etwas? Die Seele strebt immerzu nach Frieden und wiederholt die ungelöste Eltern-Problematik mit dem Partner, um eine neue Gelegenheit zur Lösung zu geben.

Also egal, was die Eltern machen, sie müssen auf sich selbst aufpassen. Aber wir sollten Frieden mit ihnen schließen, zumindest in unserem Inneren – und zwar aus völlig egoistischen Gründen. Denn unsere Selbstliebe kann erst rein sein und uns den Weg zu einem harmonischen, glücklichen Leben weisen, wenn wir im Reinen mit unseren Ahnen sind.

Übung Stell dir vor, du würdest in den Schuhen deiner Eltern stecken und hättest ihr Leben gelebt.
Und dann beobachte, welche Gefühle und Gedanken dir dazu kommen.
Sage anschließend zu dir selbst: „Was ungut ist, tut mir leid. Ich danke mir für das Einfühlen und die Erkenntnisse. Ich liebe mich."
Sehr häufig verwandelst du damit auf einfache Weise Ärger in Mitgefühl und Verständnis. Du erkennst, dass auch deine Eltern aus inneren Nöten heraus gehandelt haben. Wären sie glückliche, erfüllte Menschen

Unverzichtbar: Frieden mit den Eltern

voller Liebe und Selbstliebe gewesen, wäre Vieles anders gelaufen. Wünsche ihnen jetzt Glück und Erfüllung. Selbst wenn sie nicht mehr leben, kannst du ihnen deine Wünsche als Energie ins Jenseits schicken. Stell dir vor, wie ihre Seele in dem Gefühl reinster Liebe erwacht.

Zum Abschluss wünsche all deinen Ahnen, besonders denen, die dich nerven und ärgern, Liebe, Licht und inneren Frieden. Wünsche ihnen Erlösung von allen inneren Zwängen und Gefängnissen.

Tipp Verbinde dich im Herzen mit „Vater Himmel" und „Mutter Erde" und fühle dich geborgen im Schoß der „göttlichen Eltern", der ganzen Schöpfung. Damit gehst du über die aktuellen Probleme mit deinen biologischen Eltern hinaus und schaffst dir „kosmische Eltern", die besten Eltern überhaupt. Meditiere mit dem Mantra: „Mutter Erde liebt mich", „Vater Himmel (oder die Schöpfung oder das Leben) liebt mich".

Das Wunder der Selbstliebe

Siehst du dich selbst als jemanden, der einen Haufen moralisch verrotteter Ahnen im Stammbaum hat, wird ein Teil von dir sich immer schwach fühlen. Schließt du dagegen inneren Frieden und siehst nur das positive Erbe deiner Vorfahren, egal ob sie dieses leben konnten oder nicht, hast du energetisch ein ungeheures Kraftpotential im Rücken. Vor deinem inneren Auge bist du jemand mit einem starken Erbe. Gelingt es dir dazu noch, dich als ein geliebtes Kind der Erde und des Himmels zu sehen, wird dein Selbstwertgefühl enorm wachsen.

Die Kraftquelle
in dir

*W*ir geben unsere Seminare häufig in einem 250 Quadratmeter großen Raum, der die Form einer Pyramide hat. An einem Abend haben
wir nach dem Essen noch eine Entspannung für alle durchgeführt. Dabei
lagen die meisten auf Matten und hatten sich mit Decken zugedeckt. Als
wir um 21 Uhr fertig waren, verließen alle den Raum und wir schlossen
ab. Kurz darauf wachte aber doch noch eine Teilnehmerin auf. Sie hatte in
einer Ecke unter ihrer Decke gelegen, war eingeschlafen und hatte nicht
mitbekommen, dass alle gingen. Da in ihrer Ecke noch einige Sitzkissen
aufgetürmt waren, hatten auch wir sie übersehen. Sie war sehr erschrocken, als ihr klar wurde, dass sie allein zurückgeblieben und eingeschlos-
sen war. Wie sie uns später erzählte, dachte sie spontan: „Na typisch, dass
mir das wieder passiert. Niemand bemerkt, dass ich da bin, und bestimmt
fehle ich auch keinem. Mit mir kann man es ja machen ...“ Ihr Selbstwertgefühl sank erstmal in den Keller.

Nach kurzer Zeit entschied sie aber, sich um sich selbst zu kümmern. Sie
setzte sich hin, schloss die Augen und verband sich mit der Kraftquelle
in ihrem Herzen. Für manche Menschen ist das das Unterbewusstsein,
das unendlich viel mehr weiß als der Verstand; für sie war es die göttliche Quelle in ihr. Und es war, als würde diese göttliche Quelle ihr einen
Rat geben: „Warum nutzt du nicht die ungewöhnliche Situation und die

Die Kraftquelle in dir

Kraft des leeren Raums für eine Meditation? Setzt dich doch in die Mitte, bau dir dort einen bequemen Sitzplatz und genieße die Energie dieses Pyramidenraums."

Genau das tat sie, und wenig später rutschte sie in die „beste Meditation ihres Lebens", wie sie uns später berichtete. Vorbei war es mit dem niederen Selbstwert, sie fühlte sich wie eine ägyptische Königin, die für sich ganz allein die Kraft einer riesigen Pyramide nutzen kann.

„Wird die Kraftquelle in sich durch den Glauben an die göttliche Quelle im eigenen Inneren gefördert, entstehen die ersehnte Selbstliebe und ein bedingungsloses im Einklang Sein mit dem Fluss des Lebens von ganz allein." Diesen Satz, der so perfekt dazu passt, habe ich auf der Homepage der Heilerin Ramona gefunden (siehe Seite 159). Genau das erlebte die Teilnehmerin an jenem Abend: Sie fühlte sich eins mit dem Universum, voller Selbstachtung und Freude und im Fluss mit allem.

Erst später am Abend fiel ihr ein, dass sie ja die Terrassentür von innen öffnen und hinaus spazieren konnte. Genau das tat sie, vergnügt und gelassen, und gab an der Bar noch Bescheid, damit jemand die Tür wieder schloss.

Übung Ich habe einen weiteren interessanten Text bei Ramona gefunden, der eine wunderbare Übung enthält, die ich mit ihrer Erlaubnis zusammengefasst habe:

Wenig Selbstliebe interpretiert das Unterbewusstsein als Kritik an der Schöpfung: Gott hat es nicht gut gemacht, als er mich erschaffen hat. Und so beißt sich die Katze in den Schwanz: Wenn ich mich – insgeheim und meist unbewusst – vernachlässigt fühle von Gott, ist mein Selbstwert gering. Und weil mein Selbstwert gering ist, kann die Schöpfung nur gepfuscht haben. Und weil Gott es schlecht gemacht hat, mag er mich nicht. Das bedeutet, ich bin nichts wert ... und so immer weiter.

Wenn du solche Gedankengänge in dir entdeckst, verlasse sie sofort und ganz bewusst, und danke der Schöpfung (Gott, deinem inneren Universum) für dein Leben: „Das hat du gut gemacht, ich danke dir für mein Leben!"

Spür nach, wie es sich anfühlt, wenn du diesen Gedanken mehrmals wiederholst. Was fühlt dein Herz, wenn du der Schöpfung für dein Leben dankst?

Sag zu dir selbst: „Die Schöpfung liebt mich, immer und ewig und egal was passiert. Das unendlich große Ganze der Schöpfung liebt alles, was es geschaffen hat, es liebt auch mich – unendlich."

Wie fühlt sich das an? Was verändert sich an deinem Selbstwertgefühl, wenn du dir vorstellst, dass dich das gesamte Universum liebt?

Das Wunder der Selbstliebe

Selbstliebe ist gleichbedeutend mit Wertschätzung der Schöpfung gegenüber. Dich selbst zu lieben ist das Gleiche, wie zur Schöpfung zu sagen: „Das hast du gut gemacht, als du mich erschaffen hast." Versuche, dir diese Einstellung zu Eigen zu machen! Sie wird sofort deinen Kontakt zum göttlichen Teil in dir, zu deiner Intuition und allen unbewussten Kräften stärken.

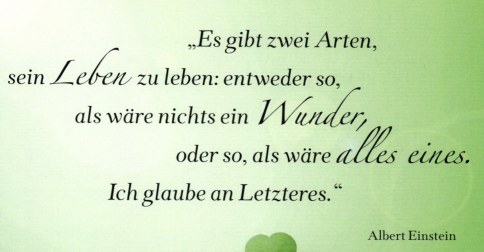

„Es gibt zwei Arten, sein *Leben* zu leben: entweder so, als wäre nichts ein *Wunder,* oder so, als wäre *alles eines.* Ich glaube an Letzteres."

Albert Einstein

Sende Liebe zum göttlichen Kern in dir!

*E*ine weitere Möglichkeit, zum Kern der inneren Weisheit vorzudringen und mit ihm Freundschaft zu schließen, ist eine „Lese-Meditation". Inspiriert von dem Gehirnforscher Joe Dispenza (siehe Seite 159) habe ich mir eine zusammengestellt, die ich gern mit dir teilen möchte. Durch diese Meditation kannst du deine Liebe so vergrößern, dass du deinem Tiefenbewusstsein und deinem eigenen höheren Selbst näher kommst. Wenn du über die Grenzen deines Körpers hinausgehst, kannst du auch die Liebe zu deinem göttlichen Kern vertiefen. Gehörst du zu den nüchtern veranlagten Menschen, kann dir diese Lese-Meditation zu einer tieferen Liebe der übergeordneten Intelligenz in dir verhelfen. Du kannst es ausprobieren und sehen, was in dir passiert.

Übung Setz dich bequem und entspannt hin und atme erst ein paar Mal entspannt ein und aus. Du kannst beispielsweise beim Einatmen mit geschlossenen Augen bis drei zählen und beim Ausatmen bis fünf. Wenn du dich schon etwas entspannt fühlst, öffnest du die Augen und liest den ersten Satz oder die ersten Sätze. Lies immer nur ein kleines Stück. Schließe dann wieder die Augen und vollziehe das Gelesene innerlich nach. Spüre hin, was wirklich in dir passiert, wenn du die Worte, die du vorher gelesen hast, nun zu dir selbst sagst. Anschließend,

Sende Liebe zum göttlichen Kern in dir!

wann immer du so weit bist, öffnest du die Augen und liest das nächste kleine Stück. Der Nachteil einer solchen Lesemeditation gegenüber einer besprochenen CD ist, dass du selbst lesen und immer wieder die Augen öffnen musst. Der Vorteil ist, dass du dadurch ganz in deinem Rhythmus weitergehen und jedem Schritt in dir nachspüren kannst. Spreche diese Kraft in dir so an, wie es für dich passt. Im Text habe ich daher einfach ein „Liebe/s/r" * eingefügt, und du ergänzt die Anrede mit

- … übergeordnete Intelligenz
- … Tiefenbewusstsein
- … höheres Selbst
- … Gott
- … göttlicher Kern
- … Urschöpfung

Lese-Meditation

Ich lehne mich entspannt zurück und fühle die
Auflageflächen meines Körpers auf der Unterlage.

Ich beobachte meinen Atem
und wie tief er fließt.

Ich liege/sitze einfach nur da und atme,
bis der Atem ganz weich und entspannt ist.

Nun atme ich in Gedanken in mein Herz hinein und wieder
aus, vielleicht kann ich auch meinen Herzschlag fühlen.

Ich komme immer mehr und tiefer bei mir selbst an.

Ich liebe mich selbst, ich erlaube mir, mich aus tiefstem
Herzen selbst zu lieben.

Nun bin ich bereit, Kontakt aufzunehmen zu dieser inneren Kraft:

Liebe * in mir und um mich herum. Ich weiß, dass du da bist!

Ich weiß, dass in jeder einzelnen meiner
70 bis 100 Billionen Körperzellen pro Sekunde
etwa 100 000 chemische Reaktionen ablaufen.

100 000 chemische Reaktionen pro Sekunde
in jeder Zelle – und fast keine Fehler,
denn ich bin hier und lebe.

Und ganz ähnlich sieht es überall in der Natur aus:
Millionen und Milliarden von einzelnen Vorgängen laufen
jede Sekunde ab.

Ich wende mich jetzt an * in mir und um mich herum,
der/die/das in der Lage ist, das zu koordinieren.

Sende Liebe zum göttlichen Kern in dir!

Welch ein gigantisches Werk, ich sehe,
was für ein großes Wunder die Schöpfung ist.

Mit meinem Tagesbewusstsein könnte ich diese Abläufe noch
nicht einmal zu einem winzigen Bruchteil überblicken.

Meine Existenz und mein Leben beweisen, dass du, liebe *,
größer und mächtiger bist als mein Verstand.

Ich spüre dir, liebe *, in mir nach,
wie du all dies überwachst und anleitest.

Wie groß muss deine Liebe zum Leben sein, liebe *,
dass du dir derart komplexe Vorgänge ausdenken und
sie koordinieren und erhalten kannst –
denn schließlich muss zu jeder Sekunde alles,
was im Körper geschieht, zusammenpassen.

Ich beschließe jetzt, von dir zu lernen und meine Liebe
zum Leben genauso groß werden zu lassen wie deine.

Mit Hilfe meiner Vorstellungskraft lasse ich
die Liebe in meinem Herzen mehr und mehr wachsen.
Nach einer Weile dehnt sie sich aus
über den ganzen Körper und dann in mein Umfeld,
bis hinaus in die ganze Welt.

Ich fühle mich verbunden mit der ganzen Welt,
und ich spüre, dass die gesamte Schöpfung durchdrungen ist
von einer ordnenden Kraft höchster Intelligenz,
höchster Bewusstheit und höchster Liebe.

Mit dir, liebe * in mir und um mich herum,
bin ich ab heute auf Du und Du:

➤ Wenn ich esse, lade ich dich, liebe *, ein, das Essen gut
zu verdauen und optimal zu verwerten.
(Stell es dir vor, wie du das tust, dann fällt es dir leichter,
dich beim wirklichen Essen an diese Übung zu erinnern
und sie dann ebenfalls auszuführen.)

➤ Wenn ich arbeite, lade ich dich, liebe *, ein, mich zu
inspirieren, mir die besten Ideen zu zeigen und mich stets
an das Wunder des Lebens zu erinnern, auch wenn ich gerade
nur am Kopierer stehe – auch er ist ein Wunder, so wie ich
eines bin, die Luft, die Erde, das Leben, überhaupt alles.

➤ Wenn ich schlafen gehe, lade ich dich, liebe *, ein,
meine Träume zu begleiten und den Schlaf
erholsam und stärkend sein zu lassen.

➤ Wenn ich mich mit anderen Menschen treffe,
öffne ich mein Herz und spüre dich dort, liebe *.

Sende Liebe zum göttlichen Kern in dir!

Damit du mich immer erinnern kannst,
dass es nur „Liebe" oder den „Ruf nach Liebe" gibt.
Mit diesem Bewusstsein werden alle
Begegnungen sich zum Bestmöglichen entfalten.

(Was immer das heißt, erinnere dich an das „Nein-Sage-Kapitel"
ab Seite 45 ff., nimm auch das Nein in Liebe an.)

☛ Ich denke an eine ganz persönliche Situation, die ich ab
sofort ebenfalls durch den Kontakt zu * bereichern kann.
(Das kann alles sein: Spaziergänge in der Natur, angenehme
oder unangenehme Situationen, was auch immer.)

Liebe * in mir und um mich, ich danke dir und ich komme
dich gern wieder besuchen. Mögen Liebe, Licht und Lachen
unsere neue, immer tiefer werdende Freundschaft begleiten.
Mögen alle Menschen auf der Erde diesen Kontakt zu dir für
sich entdecken.

Mögen Friede und Liebe auf Erden herrschen.

***

Und wann immer du genug gefühlt und genossen hast, räkelst du dich
genüsslich und bist wieder hier in deiner – wunderschönen, bewussten
und superachtsamen – Alltagswahrnehmung.

Mein Heilpraktiker hat immer eine Menge Weisheiten und interessante Vergleiche parat. So meint er, dass der Verstand wie ein Nagel in der Wand ist und das Unterbewusstsein mit seiner übergeordneten Intelligenz ist wie die Wand, in der er steckt.

Aber auch die Wand steht nicht allein da, sie ist Teil eines Hauses (der Welt) und mit diesem untrennbar verbunden. Wir fühlen uns als Nagel getrennt vom Haus, aber in Wahrheit sind wir eigenständige Bestandteile eines großes Ganzen und von gar nichts getrennt.

Das Wunder der Selbstliebe

Du sprichst in dieser Lese-Meditation ein wenig so mit * als wäre es „jemand anders", der nicht du bist. Diese Vorgehensweise erleichtert uns den Kontakt zu diesem Teil, der in Wahrheit auch wir selbst sind. Aber da der Verstand ihn nicht erfassen kann, fühlt er sich getrennt davon. Je öfter und mit je mehr Liebe und Gefühl du die Übung durchführst, desto eher geschieht das Wunder und du fühlst dich auf einmal eins mit dieser Kraft – und dein Verstand hat Pause. Wahre Selbstliebe umfasst diese übergeordnete Intelligenz und das Bewusstsein im ganzen Universum. Denn letztlich bist das auch alles du. Wenn du dein ganzes Selbst liebst, liebst du die ganze Welt automatisch mit.
Nicht so einfach – aber man kann ja mal üben, ganz ohne Druck und mit viel Spaß!

Nächstenliebe
dank Selbstliebe

Es gibt Selbstliebe, die nicht echt ist. Sie kommt laut, hart, eitel und egozentrisch daher und geht über andere einfach so hinweg. Im Herzen sind in Wirklichkeit das große Nichts und keine Spur von echter Selbstliebe. Das zeigt sich spätestens, wenn ein Mensch mal gezwungen ist, sich selbst auszuhalten, ohne alle Ablenkungen. Dann bricht er nicht selten vollständig zusammen.

Echte Selbstliebe ist auch die Voraussetzung für echte Nächstenliebe. Denn auch die kann unecht sein, anderen auf die Nerven gehen und sogar Schaden anrichten. Dazu möchten wir dir das Beispiel einer Seminarteilnehmerin erzählen, die sich für ihre drogensüchtige Tochter völlig aufopferte. Ihr ganzes Leben drehte sich nur um die Tochter. Ihr Körper und ihre Mimik drückten nur gequältes Leiden und Sorge um die Tochter aus. Wir schickten sie zu einem befreundeten Therapeuten und rieten ihr, sich ab sofort mehr um sich selbst zu kümmern. In dem Zustand, in dem sie war, signalisierte sie der Tochter stets: „Du bist verantwortlich dafür, dass es mir schlecht geht, weil du nicht so lebst, wie ich mir das für dich als meine Tochter wünsche."

Kinder sind aber nicht für das Glück der Eltern verantwortlich. Es ist kein Wunder, wenn sie, in unterschiedlichen Formen, dagegen rebellieren. Das sagte ihr auch der Therapeut, nur in drastischeren Worten.

Er meinte, sie dränge die Tochter mit ihrer totalen Selbstaufgabe nur noch tiefer in die Drogen. Es sei für keinen Menschen zu ertragen, wenn sich ein anderer für ihn selbst aufgebe. Kein Wunder also, wenn sich die Tochter ständig betäuben müsse.

Sich selbst nicht vergessen

Was folgte, war ein harter und steiniger Weg für die Mutter. Aber sie zwang sich, wieder mit alten Freunden auszugehen, zu Spieleabenden, ins Theater, zum Wandern und Ähnlichem zu gehen. Der Tochter hatte sie, nach Absprache mit dem Therapeuten, gesagt, dass sie ihr Lebensglück nicht länger von ihr abhängig machen werde. Wenn die Tochter wirklich etwas ändern wollte, etwa mit einem Entzug, werde sie ihr jederzeit helfen. Ansonsten werde sie ihr Leben jetzt wieder genießen, egal was die Tochter mache.

Der entscheidende Durchbruch kam, als die Mutter wandern war, und die Tochter sie auf dem Handy anrief, weil sie ihren Haustürschlüssel verloren hatte. Sie wollte, dass die Mutter heimkommen und aufschließen solle. Der erste Impuls der Mutter war, alles stehen und liegen zu lassen und sofort heim zu fahren. Aber dann besann sie sich und sagte: „Nein, das kann ich nicht. Ich bin beim Wandern mit Freunden und komme erst morgen wieder. Du wirst woanders übernachten müssen. Ruf Oma an oder Tante Lotta, ich werde meine schöne Wanderung nicht abbrechen."

Das Kind kreischte los, es hasse die spießige Tante, und Oma würde ihr auch nur Vorwürfe machen, und sie werde auf keinen Fall... Aber dieses

Mal blieb die Mutter cool: „Na, das macht doch dann gar keinen Unterschied. Zu mir sagst du ja auch immer, dass du mich hasst. Wieso sollte ich mich völlig verrenken und mir das Wochenende von jemandem verderben lassen, der mich hasst, auch wenn es meine Tochter ist? Tut mir leid, du wirst das selbst regeln müssen, ich komme nicht."

Raus aus der Opferrolle

Ab diesem Tag begann die Mutter, sich in ihrem neuen Leben immer wohler zu fühlen. Die Tochter brauchte länger, um sich an die neue Mutter zu gewöhnen. Sie war der Mutter bitterböse, dass diese ihr nicht mehr so zur Verfügung stand wie vorher – obwohl sie dafür ja nur Verachtung übrig gehabt hatte. Die Tochter war gezwungen, ihre Bequemlichkeit aufzugeben und sich mehr um sich selbst zu kümmern.

Die Haltung der Mutter blieb klar: Sie versicherte der Tochter immer wieder, dass sie sie trotz allem liebe und ihr wünsche, dass sie den richtigen Weg zu einem glücklichen Leben finde. Sie werde auch jederzeit helfen, wenn die Tochter wirklich Hilfe brauche. Aber sie werde sich nicht mehr aufopfern, indem sie die Tochter nachts an den unmöglichsten Orten abhole und Ähnliches. Es hätte sich ja gezeigt, dass das unterm Strich gar nichts bringe. „Jetzt ist wenigstens einer von uns zufrieden, nämlich ich", stellte die Mutter fest.

Es dauerte noch ein Jahr, bis die Tochter drogenfrei war. Ein weiteres halbes Jahr später gab sie zu, dass es eine große Erleichterung für sie gewesen war, nicht mehr verantwortlich für das Lebensglück ihrer Mutter zu sein. Auch wenn sie lange gebraucht habe, um zu dieser Erkenntnis zu kommen: Letztlich gehe es ihr viel besser, seit sie die Verantwortung für sich selbst übernommen habe und ihre Mutter nicht mehr versuche, sie ihr abzunehmen.

Selbstverständlich lässt sich diese Geschichte nicht auf andere Drogenfälle übertragen. Doch sie zeigt sehr anschaulich, warum es mit der Nächstenliebe viel besser klappt, wenn die Selbstliebe stimmt:

☛ Mit Selbstliebe kann man klarer einschätzen, was der andere wirklich braucht. Manchmal ist ein Nein viel heilsamer als viele Jas.

☛ Man kann nur geben, was man schon hat. Wenn man sich völlig für andere aufopfert, ohne auf sich selbst zu achten, geht das an die Substanz und man kann nicht mehr viel geben.

☛ Wenn man gelernt hat, Verantwortung für seine innere Zufriedenheit zu übernehmen und diese nicht anderen aufzubürden, kann man das auch anderen beibringen und vorleben.

☛ Wenn man innerlich „satt" ist, gibt man gern. Geben aus innerem Überschuss heraus macht Freude und ist erfüllend. Der andere spürt dann, dass man es gern tut. Wenn man hingegen ausgelaugt und schlapp ist und trotzdem gibt, fühlt sich der andere schuldig, dass er einen zusätzlich belastet.

Übung Wann immer dich jemand um etwas Größeres bittet, lass dir wenn möglich etwas Zeit mit der Antwort. Atme ruhig und entspannt in deinen Bauch hinein und sage dir in Gedanken: „Ich liebe mich selbst, ich bin reine Liebe. Ich wünsche diesem Menschen das Allerbeste." Fühle die Liebe.

Und dann frage dich: „Wie kann ich am besten helfen und welche Art von Hilfe erscheint mir jetzt wirklich sinnvoll? Was will ich wirklich tun?"
Du musst nicht automatisch genau das tun, was der andere möchte. Vielleicht möchte sich der andere Geld leihen, aber dein Eindruck ist, er kann nicht mit Geld umgehen. Vielleicht hast du den Wunsch, ihm stattdessen bei der Jobsuche zu helfen, oder was auch immer.
Achte auf deine innere Stimme. Und trau dich, „nein" zu sagen, wenn du kein gutes Gefühl hast.

Das Wunder der Selbstliebe

Wenn ich mit mir selbst liebevoll und respektvoll umgehe und kommuniziere, dann wird dieses Verhalten sehr bald zu meiner zweiten Natur. Schließlich verbringen wir die meiste Zeit mit uns selbst.

Wenn ich gelassen durchs Leben gehe, darauf vertrauend, dass ich liebenswert bin und von Gott und dem Leben geliebt werde, so wie ich bin, dann wird auch dies ein Grundlebensgefühl von mir. Schon bald werden mir auch andere Menschen viel öfter liebenswert vorkommen.

Wenn ich mich selbst mit all meinen Fehlern und Schwächen lieben kann, werde ich auch eher über Fehler und Schwächen anderer schmunzeln können. Denn die Selbstliebe macht die liebevolle Betrachtungsweise zu meiner Gewohnheit. Das Beste, was wir für andere tun können, ist, mit der Selbstliebe zu beginnen.

Nachruf

VON MANFRED MOHR

Kurz nach Beendigung der Arbeiten an diesem Buch ist meine Frau Bärbel Mohr gestorben. Jeder, der sie näher kennen lernen durfte, weiß, welch wunderbaren Menschen wir mit ihr verloren haben. Ihre Kreativität und ihr Wissensdurst waren unermesslich. Indische Gurus, spirituelle Kindererziehung, alternative Heilmethoden, hawaiianisches Ho'oponopono, die weltweite Finanzkrise, Metaphysik: Niemand konnte wie Bärbel ein Thema aufgreifen, sich dafür begeistern und es dann in ihrer ganz eigenen Sprache – so wie ihr der Schnabel gewachsen war – vermitteln. Auf eine Weise, dass man auch komplizierte Sachverhalte mit Leichtigkeit verstehen konnte. Sie war eine wunderbare Netzwerkerin, hat ständig Informationen gesammelt und mit aller Welt geteilt. Sie faszinierte mit ihrer natürlichen Ausstrahlung viele Menschen bei ihren Vorträgen.

Sie hinterlässt ein Werk von mehr als 25 Büchern, die in 21 Sprachen übersetzt wurden. Ich werde ihr geistiges Erbe nach Kräften weiterführen. Aber ich möchte sie selbst enden lassen mit dem Nachwort, das sie für dieses Buch verfasst hat:

„Wenn ich mit *intellektuellen Freunden* spreche, festigt sich in mir die Überzeugung, vollkommenes *Glück* sei ein unerreichbarer *Wunschtraum.* Spreche ich mit meinem *Gärtner,* bin ich vom Gegenteil überzeugt.“

Bertrand Russel

Auch wenn du Professor/in, Nobelpreisträger/in, Gelehrte/r sein solltest, erlaube dir öfter mal das Schlichte. Selbstliebe und das damit verbundene innere Glücksempfinden haben etwas sehr Einfaches, und oft müssen wir uns das einfach nur erlauben. Gleichzeitig müssen wir den Verstand in seine Grenzen weisen, wenn er uns „Gründe gegen das Glück der Selbstliebe“ anführen möchte. Das ist manchmal umso schwieriger, je mehr Verstand man besitzt. Es ist schön, ihn zu haben, aber wenn es um Liebe geht, sollte der Verstand einsehen, dass er Pause machen darf. Erlaube dir, mit offenem Herzen durch die Welt zu gehen!

Bücher und mehr von Bärbel und Manfred Mohr

Bestellungen beim Universum, Omega, Aachen, 1998

Bestellungen beim Universum, Hörbuch, AXENT, Augsburg, 2000

Der kosmische Bestellservice, Omega, Aachen, 1999

Nutze die täglichen Wunder, Koha, Burgrain, 2001

Dem Teufel sei dank, Wu-Wei, Schondorf, 2001

Reklamationen beim Universum, Omega, Aachen, 2001

Der Skeptiker und der Guru, Omega, Aachen, 2002

Der Wunschfängerengel (mit Dieter M. Hörner), Nietsch, Freiburg, 2004

Jokerkarten für Bestellungen beim Universum, Omega, Aachen, 2004

Neue Dimensionen der Heilung, Ullstein, Berlin, 2006

Neues vom Wunschfänger-Engel (mit Clemens M. Mohr), Nietsch, Freiburg, 2005

Lichtkinder, Buch und Kartenset, Koha, Burgrain, 2005

Die Mohr-Methode (mit Clemens M. Mohr), Buch, Kartenset und CD,
  Koha, Burgrain, 2005

Max und Leander – Die Superstars, Rotblatt, Viersen, 2006

Mein Wundertagebuch, Koha, Burgrain, 2006

Übungsbuch zu den Bestellungen beim Universum, Omega, Aachen, 2006

Das Universum, das Wünschen und die Liebe, Ullstein, Buch und Hörbuch,
  Berlin, 2007

Sex wie auf Wolke 7, Koha, Burgrain, 2005

Wunschkalender 2007–2011, (mit Pierre Franckh), Koha, Burgrain, 2006

Fühle mit dem Herzen und du wirst deinem Leben begegnen
  (mit Manfred Mohr), Buch und CD, Koha, Burgrain, 2007

Shopping-guide für inneren Reichtum, Ullstein, Berlin, 2009

Mama, wer ist Gott? Nietsch, Freiburg, 2007

Bücher, Links und mehr

Bärbel Mohrs Cosmic Ordering, Ullstein, Berlin, 2008
Cosmic Ordering – die neue Dimension der Realitätsgestaltung
   (mit Manfred Mohr), Koha, Burgrain, 2008
Aktiviere das ewig Heile in dir, CD, Koha, Burgrain, 2008
Große Krise – große Chance, Koha, Burgrain, 2009
Lieferungen vom Universum, Omega, Aachen, 2009
Arbeitslos und trotzdem glücklich, Koha, Burgrain, 2009
Zweisam statt einsam, Koha, Burgrain, 2009
Zweisam statt einsam. DVD, ri-wei, Regensburg, 2009
Gedichte, die das Herz berühren (von Manfred Mohr), ri-wei, Regensburg, 2009
Bestellungen aus dem Herzen (mit Manfred Mohr), Omega, Aachen, 2010
Die 21 goldenen Regeln, Ullstein, Berlin, 2010
Dein Herz hat einen Namen (von Manfred Mohr), ri-wei, Regensburg, 2010
Die fünf Tore zum Herzen (von Manfred Mohr), Koha, Burgrain, 2011

Robert T. Kiyosaki, *Rich Dad, Poor Dad: Was die Reichen ihren Kindern*
   über Geld beibringen, Arkana, München, 2006
Joachim Bauer, *Warum ich fühle, was du fühlst*, Heyne, München, 2006
Gerald Hüther, *Bedienungsanleitung für ein menschliches Gehirn*,
   Vandenhoeck & Ruprecht, Göttingen, 2009
Joe Dispenza, *„Evolve your brain" – Verändern Sie Ihr Bewusstsein*, DVD

Links

Bärbel Mohr: www.*baerbelmohr.de*
Manfred Mohr: www.*manfredmohr.de*
Die Heilerin Ramona: www.*rastoa.de*

Impressum

© 2011 GRÄFE UND UNZER VERLAG GMBH, München
Alle Rechte vorbehalten
ISBN: 978-3-8338-2283-4

Projektleitung: Anja Schmidt
Lektorat: Petra Kunze
Umschlaggestaltung: Hilden Design, München/www.hildendesign.de,
unter Verwendung eines Fotos von Shutterstock
Innenlayout: Sabine Krohberger, ki 36 Editorial Design, München
Satz: Knipping Werbung GmbH, Berg/Starnberger See
Druck und Bindung: Firmengruppe APPL, Wemding

Bildnachweis
Aniela Adams/adams-photography.de: Seite 2;
Corbis: Seite 57, 74, 86, 103; Getty: Seite 44; Look: Seite 117;
Plainpicture: Seite 9, 22, 33, 66, 94, 132, 143

5. Auflage 2011
www.graefeundunzer-verlag.de

Ein Unternehmen der
GANSKE VERLAGSGRUPPE